KB044447

언어
공부

HOW I LEARN
LANGUAGES

언어 공부

HOW I LEARN LANGUAGES

16개 국어를 구사하는
통역사의 언어 공부법

롬브 커토 지음 | 신견식 옮김

바다출판사

일러두기

- 이 책은 영문판을 중심으로 헝가리 원서, 러시아판, 일본어판 등을 참고하여 번역했습니다. '저자주'로 표시되지 않은 각주는 역자주이며 영문판을 참고하여 우리나라에 맞게 작성했습니다.
- 이 책에 나오는 외래어는 국립국어원 외래어표기법에 따랐습니다.
- 가능한 한 외국어를 해당 문자로 표기하려고 했습니다. 다만 오른쪽에서 왼쪽으로 적는 히브리어의 경우는 알파벳을 차용했습니다.

대화하는 도중에 내가 언어를 많이 아는 것이 드러나면 사람들은 한결같이 이 세 가지 똑같은 질문을 하는 경향이 있다. 그에 대한 세 가지 똑같은 답변을 해보겠다.

질문 16개 언어를 아는 게 가능한가?
대답 아니, 가능하지 않다. 최소한 각 능력이 똑같지는 않다. 나는 모어가 하나뿐이다. 헝가리어.

러시아어, 영어, 프랑스어, 독일어는 내 안에서 헝가리어와 함께 살고 있다. 나는 한 단어에서 다른 단어로, 이 언어들 사이를 아주 쉽게 왔다 갔다 할 수 있다.

이탈리아어, 스페인어, 일본어, 중국어, 폴란드어로 된 텍스트의 번역을 하려면 언어 실력을 가다듬고 번역할 내용을 정독하는 데 반나절을 보낸다.

다른 여섯 개 언어(불가리아어, 덴마크어, 라틴어, 루마니아어, 체코어, 우크라이나어)는 문학과 기술 문서 번역을 통해서만 알고 있다.

질문 왜 외국어를 가르치는 직업을 선택하지 않았나?

대답 누구를 가르치려면 언어 전체를 통달하는 것만으로는 모자란다. 다른 방식으로 생각해보자. 위 수술을 여러 번 받아야 했던 딱한 사람은 분명 많다. 하지만 해당 수술을 자주 받았다는 이유만으로 수술용 메스를 쥐어주면서 똑같이 남을 수술해보라고 시키는 이는 아무도 없다.

설문 조사를 하는 사람이 직업을 물어볼 때 유머 감각을 발휘해 대답한다면 나는 '언어 학습자'라고 할 것이다.

질문 그렇게 많은 언어를 배우려면 소질이 있어야 하나?

대답 아니, 필요 없다. 순수 예술 분야를 마스터하는 것 외에 무언가를 배울 때, 성공은 순전히 흥미와 거기에 쏟아붓는 에너지의 양이 만들어낸 결과다. 언어를 배우면서 여러 유용한 원칙들을 발견했다. 이 책이 그 윤곽을 보여줄 것이다.

내가 여러 언어에서 성취한 것은 지난 세월 동안 함께해준 유명한, 그리고 유명하지 않은 공동 연구자들 덕분임을 알리고 싶다. 이 책을 그분들에게 바친다.

1970년

롬브 커토

이 책의 초판이 단 몇 주 만에 매진이 된 것은 사람들이 언어 학습에 흥미를 느껴서이지 내 가치관이 흥미로워서가 아니다. 하지만 내 언어 학습 지론을 바라보는 독자들의 시각은 아주 제각각이다.

수백 통의 편지, 신문 기사, 대학 캠퍼스와 언어 클럽의 강의를 통해 토론과 논쟁이 있었다. 그 내용은 바로 헝가리에서는 언어적 고립 때문에 억지로 다양한 외국어를 배워야 하며, 내 책에는 그러한 '강제적 상황'이 당연하다고 나온다는 것이다. 나는 그 어떠한 강제도 지지하지 않는다. 언어를 아는 일은 교양인이 되는 과정의 일부라고 생각할 뿐이다. 나의 확신을 응원해준 모두에게 고마운 마음을 표한다.

이 문제에 대한 나의 관점 역시 또 다른 논란거리이다. "(여러) 언어를 배우는 데 타고난 능력이라는 것은 존재하는가?" 난 그런 게 있다고 믿지 않는다. 사실, 이 책을 쓰면서 세운 여러 목표 중 하나는 언어 학습에 대한 '타고난 능력'이라는 관념을 둘러싼 정체 모를 안개를 걷어내는 일이었다. 나는 언어 학습을 이해하기 쉽게 설명하고 싶고, 다른 언어를 배운 사람을 영웅 취급을 하는 일도 없애고 싶다.

이 주제에 반대하는 사람들에게 내가 새로운 주장을 하지 못한 점을 사과한다. 나는 이 책에 서술한 내용을 반복할 수밖에 없다.

1. 동기, 인내심, 성실성으로 뒷받침되는 흥미는 새로운 언어 배우기의 성공에 결정적인 역할을 한다.
2. 언어 학습에 있어 타고난 능력, 혹은 언어를 배우는 데 탁월한 기술을 한 사람에게서 찾기란 불가능하다.

초판이 출간된 이후로 시간이 얼마 지나지 않았는데 내 작업에 대한 감상을 나눠준 모든 이에게 감사할 뿐이다. 가장 마음에 들었던 코멘트는 일곱 살 난 일디코가 보낸 것이다. "제가 선생님 나이만큼 되면 외국어를 더 많이 할 거예요. 두고 보시라고요!" 또 다른 기억에 남는 코멘트는 스웨덴 여성이 보낸 것인데 일흔이 넘은 나이에도 여덟 번째 언어를 배우기 시작했다면서 내게 '번역 대결(유명한 시를 얼마나 짧은 시간 내에 성공적으로 번역할 수 있는지를 겨룸)'을 청해왔다. 마지막으로 젊은 작가 S. 팔 씨에게 감사를 전하고 싶다. 이 책에 대한 그의 시선은 다음 문장과 같았다. "저자의 낙관주의야말로 이 책에서 가장 중요한 포인트다. 그리고 우리 독자들은 앞으로 좀 더 희망적인 시각으로 그동안 품었던 거리낌을 극복하면서 새로운 언어를 배우는 것이 각 개인이 힘닿는 데까지 이룰 만큼 가치 있는 목표라고 생각하게 될 것이다."

헝가리계 캐나다인 생리학자 세예 야노시Selye János(독일식 이름 한스 셀리에Hans Selye)의 말대로 "열정은 전염된다."

내가 단 몇 명에게라도 영향을 줄 수 있다면 이 책의 목적은 이룬 것이다.

1972년

롬브 커토

4판 서문

내 책은 25년 전 처음 출판되었다. 지난 사반세기는 어마어마한 정치적, 경제적 흥망성쇠의 시대였다. 국경이 새로 생기거나 희미해지고 새로운 언어적 환경에서 고향 땅을 찾아 나서기 시작한 민족 집단도 생겼다. 이 모든 상황 덕에 언어 학습법을 분석하고 그 효율성을 평가하는 일은 훨씬 더 중요해졌다.

나의 시야도 더 넓어졌다. 새로운 나라에 방문하고 유명한 다중언어 구사자들과 인터뷰를 했다. 지금까지 알려지지 않은 어족의 한 분류를 알게 되었다. 언어가 쉽거나 어려울 수 있는지, 나이와 언어 능력의 연관 관계는 어떠한지에 대한 의문을 돌아보았다. 그렇게 해서 이 책의 새로운 판이 나오게 되었다. 지난 판에서 다루지 못한 질문들을 다루려는 것이다.

이번 신판은 타고난 능력이라는 애매한 개념보다 자신감과 동기 그리고 좋은 학습법 등이 언어 학습에서 한결 더 중요한 역할을 하며, 언어를 다루는 일은 사람 사이의 관계를 발전시킬 뿐만 아니라, 우리의 지능과 정신적인 균형을 보존하는 효율적이고도 즐거운 수단이라는 나의 확신을 더욱 굳건하게 해 주었다.

1995년

롬브 커토

차례

언어 공부를
시작하다

내가 독일어를 할 줄 안다고 당당하게 말해서 가족들을 깜짝 놀라게 한 게 아마 네 살 때였을 것이다.

"왜 그렇게 생각하는데?" 가족들이 물었다.

"그게, 이런 거예요. lámpa[1]가 Lampe[2]이고 tinta[3]가 Tinte[4]라면 szoba[5]는 Sobbe[6], kályha[7]는 Kaiche[8]가 될 수밖에 없잖아

---

1 헝가리어로 '램프.'

2 독일어로 '램프.'

3 헝가리어로 '잉크.' 헝가리어 원문은 헝가리어 láda(상자), 독일어 Lade(서랍)인데 두 낱말은 어원이 같지만 뜻이 살짝 달라서 영어판 및 러시아어판과 마찬가지로 한국어판에서도 잉크를 뜻하는 낱말로 바꾸었다.

4 독일어로 '잉크.'

5 헝가리어로 '방.'

6 실제 독일어로 방은 Zimmer다.

7 헝가리어로 '난로.'

요."

사랑하는 우리 부모님이 현대 언어학 용어에 익숙한 분들 이셨다면 분명히 이렇게 말씀하셨을 것이다. "우리 불쌍한 아 가가 부정적 전이negative transfer(모어와 외국어에서 보이는 비슷한 사 례를 잘못 일반화해서 생기는 오류)에 속아 넘어갔구나." 하지만 그 분들은 그러는 대신에 당황하고 풀이 죽어 내가 외국어를 통달 할 수 없을 거라고 단정 지으셨다.

처음에는 그분들 생각이 맞는 것 같은 인생이었다. 중학교 시절 내 독어 실력은 독일계 친구나 독일인 보모가 있는 친구 들에 비해서 훨씬 뒤처졌다. 여러 해가 흐르고 고등학교를 졸업 한 뒤에도 여전히 자타 공인 외국어 낙제생이었다. 그래서 대학 교에 지원할 때 자연과학을 목표로 했다.

하지만 난 그 전부터 이미 언어의 마법에 걸려 있었다. 수 년 전에 언니의 교과서를 휘리릭 넘겨보다가 라틴어 속담이 가 득 적힌 페이지를 만났다. 아직 라틴어를 공부하기 전이었지만 아름답게 울리는 문장들을 해독하고 거기에 대응하는 헝가리 속담을 찾는 일이 굉장히 기뻤다. Juventus ventus(젊음은 우매하 다), Per angusta ad augusta(고진감래)……. 이런 다이아몬드 벽

---

8 실제 독일어로 난로는 Ofen이다.

돌로 마음들 사이 공간을 잇는 생각의 다리를 짓는 일이 과연 가능할까? 나는 간결한 비유적 표현에 담긴 민중 지혜의 결정체인 속담과 어구 덕분에 언어를 사랑하게 되어버렸다.

중학교 때는 특별 활동으로 프랑스어 수업에 등록하겠다고 고집을 부렸다. 이 수업의 가장 큰 장점은 바로 무료라는 것이었다. 단점이라면 불쌍한 부더이 선생님이 오직 클라리스 Clarisse라는 이름 때문에 이 수업의 교사로 정해졌다는 점이었다. 교장선생님은 이렇게 생각했을지 모른다. "저 사람은 이름을 보아하니 분명히 프랑스어를 잘 알겠구먼." 아무튼 부더이 선생님과 나는 열정으로 가득했다. 한 달이 지나고 선생님이 고마움의 표시로 나를 학급 반장으로 임명하신 일은 영원히 잊지 못할 것이다. 그리고 나는 열심히 사전을 통독한 뒤에 칠판에 이렇게 적었다. "La toute classe est bienne…."[9]

대학교 때의 나는 물리학은 신통치 않았고 화학을 곧잘 했다. 특히 유기화학이 좋았다. 지금까지도 내가 유기화학을 좋아한 이유가 이때쯤에 라틴어 문법을 통달했기 때문이라고 믿고 있다. 'Agricola arat(농부가 쟁기질한다)'라는 단순한 어구에서 명사의 어형 변화형과 동사의 활용형 모두를 이끌어내는 방법을

---

9 틀린 문장이다. 'The whole class is good'이라고 해야 하는데 'The class whole is well'이라고 한 것과 같다. 맞는 문장은 'Toute la classe est bonne.'

아는 것이 어마어마하게 도움이 되었다. 두 가지 기본 성분(메탄과 벤젠)의 수소 원자를 전혀 새로운 어근으로 대체하기만 하면 되었기 때문이다.

나는 이제 곧 박사학위를 거머쥘 거라는 차분한 확신에 차서 화학박사 시험장에 앉았다. 하지만 그와 동시에 그다지 잘 해내지 못하리란 것도 알고 있었다. 1930년대 초반의 헝가리는 다른 대부분의 나라와 마찬가지로 심각한 경기 침체 상황이었다. 번쩍번쩍한 새 학위증을 들고 이제 뭘 해야 할지 궁리해야 하는 우리들이 있었다.

직업은 꽤나 빨리 결정했다. 외국어를 가르치며 살기로 한 것이다. 그다음 결정은 조금 더 힘들었다. 어떤 언어를 가르칠까. 라틴어는 수요가 많은 언어가 아니었고 부다페스트에는 프랑스어 교사가 학생 수보다 더 많았으며 영어만이 유일하게 확실하고 꾸준한 돈벌이였다. 하지만 일단 배우는 게 먼저였다.

필요성과 지식욕이라는 두 가지 보상에 힘입어서 나는 오늘날까지도 사용하는 언어 학습 방법을 고안해냈다. 그 이야기는 앞으로 상세히 적겠다.

이 학습법이 다른 사람들에게도 통할까? 이 질문에는 나중에 대답해보도록 하겠다. 우선 지금은 1933년 봄에 거실 소파 구석에 쭈그리고 앉아 있던 나의 호기심과 물고 늘어지기 정신으로 책을 파고든다면 그 누구라도 똑같은 결과에 도달했을 거라는 나의 확신을 강조하고 싶다.

나는 골즈워디J. Galsworthy의 소설 한 권을 자세히 읽으며 공부를 시작했다. 일주일쯤 되자 내용을 직관적으로 알게 됐다. 한 달이 지나자 내용을 이해했다. 그리고 두 달이 지나자 그 글에서 즐거움을 느꼈다.

하지만 영어를 가르치는 일자리를 처음 구하면 좀 더 적절하고 교육학적인 접근법을 사용해서 학생들을 가르치고 싶었다. 그래서 당시에 인기가 많았던 '50 레슨스50 Lessons'라는 교육 과정을 힘겹게 들었다. 난 '가르치면서 배운다docendo discimus'라는 라틴어 격언을 바탕으로 해서 학생들보다 한두 과 정도 앞선 실력으로 배짱 좋게 언어를 가르쳤던 일에 양심의 가책을 느끼지 않는다. 모자랐던 언어 지식의 빈자리를 나의 에너지와 열정이 메웠기를 바란다.

의약 연구소에서 일감을 얻어서 문서 번역도 했다. 하지만 나의 번역은 아무래도 제대로 된 게 아니었는지 교정자의 이런 말과 함께 돌아왔다.

"대단한 용자가 했나 봐요!"

그 말대로 대담했기에 외국어 공부의 다음 발걸음을 디딜 수 있었고, 그래서 결정적으로 새로운 직업과의 인연이 생겼다.

***

1941년 나는 러시아어를 배우기로 했다.

정치적 통찰력이나 이념에 따른 신념에서 그런 결정을 내렸노라고 이 원고에 적을 수 있다면 참 좋겠지만 도저히 그럴수 없다. 나는 러시아어가 보여준 놀라운 기회를 잡았을 뿐이다. 시내 헌책방에서 책을 구경하다가 두 권짜리 러시아어-영어 사전을 발견했다. 나는 이 보물을 끌어안고 계산대까지 종종걸음을 놓았다. 큰 대가는 필요하지 않았다. 1860년도에 출판된곰팡내 나고 너덜너덜한 책 두 권에 몇 푼 지불했을 뿐이다. 그뒤로 손에서 그 책들을 절대 내려놓지 않았다.

파쇼fascio가 득세하던 1940년대 초반의 헝가리에서 러시아어 공부는 수상쩍은 일이었다. 다행히도 난 텍스트를 기초로한 언어 학습법을 고안해냈다. 대학교에 러시아어 강좌가 있긴했겠지만 그 과정에 들어가기란 러시아 유학 장학금을 따는 것과 동급이었다. 소련에서 돌아온 페리 샨도르Feri Sándor 박사의장서에서 러시아 고전 소설 몇 권을 발견했는데 아직은 읽어낼수 없었다.

도움의 손길은 우연히 다가왔다. 베를린에는 당시 백계 러시아인 망명자가 많이 살았다. 그런 가족 하나가 헝가리 벌러톤호수 옆 휴양지 벌러톤사르소에 몇 주 동안 휴가를 온 일이 있었다. 남편과 나는 그 가족이 펜션을 떠난 바로 그날 그 방에 묵게 되었고 마침 청소부가 그들이 놓고 간 물건을 막 버리려던 참이었다. 잡동사니 사이에서 키릴문자가 커다랗게 적힌 두꺼운 책을 발견하고 나의 흥분은 점점 커져갔다. 그 책은 1910년에 나온 시시껄렁하고 감성적인 연애 소설이었다. 나는 한순간도 망설이지 않고 곧장 파고들었다. 아주 오랫동안 그 책과 씨름하며 텍스트를 이해하려고 노력했고, 오늘날까지도 그 책의 어떤 페이지들은 한 단어씩 머릿속에 떠오른다.

좀 더 수준 높은 독서로 넘어갈 수 있게 된 무렵은 1943년도였고, 머리 위로 융단폭격이 떨어졌다. 공습 대피소에서 몇 시간을 보냈더니 빨리 읽을 수 있었다. 책을 위장하기만 하면 됐다. 두꺼운 헝가리어판 백과사전을 한 권 사서 제본업자 지인에게 고골Николай Гоголь의《죽은 넋Мёртвые души》(1842)과 한 페이지씩 번갈아 끼워 넣어 제본해달라고 했다. 공습 중에 나는 모든 장을 다 읽곤 했다. 이때 바로 익숙하지 않은 낱말은 과감하게 넘어가는 기술을 연마했는데, 공습 대피소에서 러시아어 사전을 찾아보는 일은 아무래도 위험했기 때문이다.

포위 공격 중에는 어두운 지하 대피소 안에서 그곳에 발을 디딜 첫 러시아 군인과 무슨 대화를 할지 끊임없이 머릿속으로 그려보며 시간을 보내려 했다. 나는 모든 문장을 형동사形動詞와 부동사副動詞로 꾸미자고 마음먹었다. 내가 가장 약한 부분이라서 그랬다. 게다가 그 언어를 편안하고 우아하게 구사하는 정도가 아니라 문학적 소양도 눈부시게 뽐내고 싶었다. 푸시킨 Пушкин과 레르몬토프Лермонтов의 시를 비교해야지, 숄로호프 Шóлохов의 서사시체를 칭송해야지, 기타 등등.

그러나 그건 다 꿈에 불과했다. 현실은 생각대로 돌아가지 않았다. 새해 첫날 갑작스레 조용해진 새벽에 건물을 빙 둘러싼 으스스하고 황량한 정원으로 몰래 올라갔을 때 일이 벌어졌다. 허파에 신선한 공기를 몇 번 채우기도 전에 앳된 군인 한 명이 울타리를 뛰어넘어 정원으로 들어왔다. 우유 주전자를 움켜쥐고 있어서 거기서 뭘 하는 건지는 명확했다. 그런데 그가 몇 마디를 내뱉었다.

"Корóва есть?"

그가 물었다.

하지만 나는 지나치게 흥분한 나머지 허둥지둥하는 바람에 '젖소'라는 단어도 알아듣지를 못했다. 그 젊은이는 나를 도우려 했다.

"젖소Корóва! 몰라요? 음메…… 음메에에……!"

내가 입을 떡 벌린 채 보고만 있으니까 청년은 어깨를 으쓱하고는 다른 편 울타리를 넘어가버렸다.

몇 시간 뒤, 두 번째 만남이 일어난 덕에 처음의 대실패를 만회할 기회가 생겼다. 이번에는 굉장히 젊은 청년이 문을 열었다. 소금이 있는지 묻고는 배낭에서 빵과 베이컨을 꺼내어 편하게 먹기 시작했고 이따금씩 자기 잭나이프로 먹을 걸 찍어서 우리에게 한 입씩 권했다. 내가 러시아어를 할 줄 안다는 걸 알고는 굉장히 감동했다.

"Молодец партизáнка(훌륭해요, 게릴라 아가씨)!" 내 손을 잡고 격렬하게 흔들었다.

잠시 뒤에 루마니아 장교들이 들어왔다. (우리는 루마니아 군대도 주둔했던 라코슈펄버에서 해방됐다.)

"이 사람들과 무슨 언어로 이야기합니까?" 러시아 군인이 쏘아보며 말했다.

"난 프랑스어도 해요." 내가 대답했다.

어린 러시아 청년은 고개를 젓고는 식량을 꾸리고 자리에서 일어나 떠났다. 문턱에서 그는 나를 돌아보며 중얼거렸다.

"Шпиóнка(스파이 같으니)!"

아는 언어가 많은 것뿐인데 말이 심하네!

* * *

시청은 1945년 2월 5일에 해방되었다. 나는 러시아어 통역사를 자처했다. 그들은 지체 없이 나를 고용했고 나는 곧 첫 일감을 받았다. 시의 사령관에게 전화를 걸어서 시장이 누구인지 말해야 했다. 사령부 본부의 전화번호를 달라고 하자 그들은 어깨를 으쓱하고는 그냥 수화기를 들라고 했다. 사령부 본부가 받을 거라고 말이다. 1945년 2월 5일, 부다페스트에는 연결된 전화선이 단 하나뿐이었다.

그때부터 언어 실력을 선보일 기회가 끝이 없었다. 유일한 골칫거리라면 내가 러시아어를 유창하게 조잘거릴 수는 있었지만 (아마도 오류가 많았겠지만) 그에 반해서 이해하는 게 거의 아무것도 없다는 점이었다. 나의 대화 상대는 이 어려움을 청력 문제 탓으로 여겼다. 그들은 나를 위로하면서 내 귀에 대고 다정하게 고함을 질러댔고 내 건강이 나아지면 청력도 돌아올 거라고 여겼다. 당시 나는 키에 알맞은 몸무게보다 20킬로그램은 덜 나갔다.

1946년 1월, 나는 시 관광국장으로 임명되었다. 좋은 감투였고 급여도 좋았다. 비가도Vigado('즐거운 홀'이라는 뜻의 부다페스트의 전시관 겸 극장)에서 상대적으로 온전한 건물에 개인 집무실까지 있었다. 유일한 옥에 티라고 한다면 여기서도 저기서도 그어느 곳에서도 관광객을 찾아볼 수가 없었다는 점이다. 도로는 찢기고 다리는 도나우강에 빠져버렸다. 내 기억이 정확하다면 그 많은 호텔 중에 '마가렛 아일랜드' 한 군데만이 문을 열고 영업을 했다. 부다페스트에 관광청이 필요한 정도는 식민청의 필요성과 거의 맞먹었다.

봄이 다가오면서 동료들과 함께 잡지 과월호와 신간에서 오려낸 사진을 '과거-현재-미래'라는 주제로 장식하며 하루하루를 보냈다. 과거는 페스트-부다가 통합되기 전 옛 거리의 모습으로 꾸몄다.[10] 미래는 당시 청사진이 그려지던 재건 계획이었으며 현재는 포탄에 맞고 무너진 건물들의 이미지였다.

어느 날엔가 페퇴피 샨도르Petőfi Sandor 거리(19세기 헝가리 시인 이름을 딴 부다페스트 시내 중심가)를 거닐다 망가져서 임시 가설물을 댄 집들 사이에서 북적거리는 군중 사이를 지나가려는데 누군가가 내게 똑바로 다가왔다. 남자는 프랑스어 억양으로 우체국이 어디인지 물었다.

나는 길을 알려준 뒤에 당연히도 어떻게 부다페스트에 오게 됐는지 연이어 물었다. 알고 보니 호기심이 동해서 여기까지 온 것이었다. 그 사람은 헝가리에 여름철 관광객들을 데려올, 속담에 나오는 첫 제비였다. 난 생각할 겨를도 없이 그의 팔을 붙들고 내 사무실 쪽으로 끌고 갔다.

"저는 훌륭한 établissement(불어로 기관)의 책임자랍니다. 저희 쪽에 지금 꼭 와주세요."

---

10 1873년 부다페스트로 통합되기 전에는 도나우강 동쪽 기슭의 페스트, 서쪽 기슭의 부다, 부다 북쪽의 오부다 등 세 개의 도시였고 합쳐서 페스트-부다로 불리기도 했다.

이 외국인은 내가 붙든 손을 공손하게 뿌리치며, 당황해서는 그럴 기분도 아니고 게다가 시간도 없다는 핑계를 댔다. 하지만 그렇다고 흔들릴 내가 아니었다.

"이런 일에는 없는 시간도 만들어야지요! 제 동료들이랑 아주 즐거운 시간을 보내시게 될 거예요. 아가씨들이 전부 프랑스어를 아주 잘한답니다. 선생님의 흥미를 돋워줄 게 분명한 사진들은 말할 것도 없고요!"

"하지만요, 난 결혼한 사람입니다!" 그는 필사적이었다. 나는 그런 우둔함에 절망하고 말았다.

"결혼 안 한 사람들로만 제한을 두면 우리 직업은 어쩌라고 그래요?"

하지만 이 사람은 내가 꼭 붙든 팔을 억지로 빼내고는 군중 속으로 사라져버렸다.

"이러고도 프랑스인이 예절 바르다고?"

나는 몹시 화가 났다. 그러다가 천천히 나의 어리석음이 보이기 시작했다.

* * *

연합국 군정청이 헝가리에 세워지자 나는 행정 업무 총괄자로 임명되었다. 어학 전문가에게 이보다 더 이상적인 자리는 상상할 수 없었다. 어쨌든 당시 나는 이미 스스로 외국어 고수라고 생각했다.

영어, 러시아어, 프랑스어를 빠르게 구사하는 협상 파트너들 사이에서 대략 10분에 한 번씩 언어를 바꿔갔다. 어휘력이 어마어마하게 늘어났을 뿐만 아니라 통역에 아주 필수적인 기술에 있어서도 굉장한 경험을 얻을 수 있었다. 나는 수 초 사이에 한 언어의 언어 문맥에서 다른 언어의 언어 문맥으로 옮기는 법을 익혔다.

언어학적 발견의 정신은 나를 채찍질했고, 다음으로 루마니아어를 배우게 만들었다. 지금까지도 나는 루마니아어가 굉장히 멋지다고 생각한다. 프랑스어보다 더 전원의 맛이 있고, 이탈리아어보다 더 남자답고, 슬라브어 차용어인 덕에 스페인어보다 더 재미가 있다. 이 독특한 혼합은 내 안에 큰 열정을 불러일으켰고 나는 몇 주 뒤에 세바스티안Mihail Sebastian의 소설과 갈디 라슬로Gáldi László의 문법 소책자를 읽었다. 요즘은 더 이상 루마니아어를 말할 일이 없지만 루마니아어 기술 문서를 다른 언어로 번역하는 일은 꽤 많다.

행정 업무와 통번역 일은 1950년까지 내 에너지를 완전히 소모시켰다. 그 해에는 오랫동안 나를 괴롭혔던 두 가지 의문을 더 이상은 무시할 수가 없게 되었다.

첫 번째 의문은 '흥미로운 읽을거리를 통해서 외국어를 익혀온 나의 학습법이 다른 학습자들에게도 통할 것인가' 하는 것이었다. 운 좋게도 나의 이론을 시험해볼 이상적인 상황이 생겨났다.

　대학에서 러시아어를 가르치는 일은 당시에 크게 가속도가 붙어 있었고 나는 공과대학에서 교수직을 제안받았다. 공대생이 대상이었기에 그들의 기술 전문 지식을 통해 언어에 접근하고, 그걸 기초로 언어의 체계를 쌓아올리면 되리라고 생각했다. 우리는 작은 협동 모둠을 만들었고 머지않아 공동의 노력으로 기술적 텍스트 중심의 러시아어 교재 두 권이 연달아서 나왔다. 경험이 모자라서 생긴 오류가 많았지만 이 프로젝트가 내 아이디어에서 태어났을 뿐 아니라 기술적 텍스트 읽기가 모든 대학교들의 흔한 사례가 되었다는 게 뿌듯하다.

　나를 괴롭힌 또 다른 의문은 '게르만어, 슬라브어, 로망스어와 아무 유사점을 기대할 수 없는 언어들을 어떻게 다뤄야 하는가'였다. 역시나 이 문제를 다룰 상황이 생겼다. 그해 대학교 동아시아 연구소에 중국어 강좌가 처음으로 개설된 것이다.

　이 지면에 내가 중국어를 처음 만난 순간을 자세하게 적고 싶은데, 내가 언어들과 전반적으로 어떻게 관계를 맺고 배웠는지 상징적으로 보여주기 때문이다. 강좌에 들어가는 것은 쉽지가 않았다. 대학생들, 특히 언어 전공자들이 우선권을 얻었고 나는 일반적으로 그런 큰 모험을 시작할 나이를 이미 지나 있었다. 그러다 보니 내가 보낸 지원서에 아무런 응답도 받지 못했다. 그러다가 우연히 몇 주 전에 강좌가 시작됐다는 것을 알게 되었다.

어느 가을 저녁 일곱 시경, 나는 어느새 대학교에 가 있었다. 어두운 복도를 더듬더듬하면서 강의실을 찾아다녔다. 한 층한 층을 헤매었다. 건물 안에 사람이 있는 흔적 자체가 안 보였다. 그냥 포기하고 이 모든 여정을 중단하려던 찰나에 저 멀리 텅 빈 복도 맨 끝에 있는 교실 문 아래 틈으로 가느다란 빛줄기 하나가 새어나오는 게 보였다. 진부하게 들릴지 모르지만, 나는 이날 이때까지 문 밑으로 보였던 것은 빛 한 줄기가 아니라 어둠을 비추려는 지식을 향한 내 욕구의 빛이라고 믿고 있다. 강의실에 들어가 상하이에서 온 매력적인 여자 강사에게 내 소개를 했고, 그때 이후로 내 인생은 동방 언어의 아름다움으로 환하게 밝혀졌다.

나는 다음 날, 유일하게 중국어-러시아어 사전을 갖춘 공공 도서관에서 몸을 숙인 채 표음문자를 쓰지 않는 중국어를 어떻게 읽어야 하는지 끙끙댔다. 며칠 뒤 12월의 어느 새벽녘에 나는 첫 중국어 문장을 해독하기 시작했다. 마침내 판독을 해낸 꼭두새벽까지 몰두를 한 것이다. 그 문장은 다음과 같았다. "만국의 노동자여, 단결하라!"

2년 뒤에는 중국어 실력이 매우 발전해서 헝가리에 오는 중국 사절단의 통역을 맡고 마음에 드는 소설도 하나씩 번역할 수 있게 되었다. 1956년에는 내가 얻은 지식을 다른 동양 언어 학습에 적용할 수 있을지 생각하기 시작했다. 그리고 일본어에 착수했다. 이번에는 철저히 혼자서. 일본어 공부 이야기는 굉장히 유익할 텐데 다른 장에서 다루도록 하겠다.

한편 러시아어 강사 수가 워낙 늘어나면서 나는 전문 교육자의 자리를 포기하고 또 다른 언어인 폴란드어를 시작했다. 강좌가 열리고 학생들의 등록이 장려되었다. 나는 강좌에 등록하면서 주변 언어 애호가들에게 크게 추천하는 비법을 사용했다. 실제 지식 정도에 비해서 훨씬 더 수준 높은 강의에 등록하는 것이다. 초급, 중급, 고급 세 가지 단계 가운데 나는 고급반에 등록하겠다고 말했다. 내 폴란드어 수준을 확인하려는 강사에게 대답해줬다.

"고생하실 거 없어요. 난 폴란드어를 한마디도 못해요."

"그러면 대체 왜 고급반을 들으려고 하세요?"

선생님은 깜짝 놀랐다.

"아무것도 모를 때야말로 맹렬히 돌진할 수 있으니까요."

그는 나의 비뚤어진 사고방식에 크게 혼돈이 왔는지 더 이상 아무 말도 하지 않고 학생 명단에 내 이름을 넣어주었다.

　　　　　　　　　　　＊＊＊

　　1954년에 난생 처음으로 해외여행을 갈 기회가 생겼다. 그
뒤로 온 지구를 터벅터벅 걸어 다니게 되었지만. 헝가리 여행
사의 체코슬로바키아 패키지여행에 갈 수 있다는 걸 알게 된
그날만큼 신이 난 적은 없었다. 감사에서 우러난 행동으로 곧
장 이반 올브라흐트Ivan Olbracht의 소설《프롤레타리아 안나Anna
Proletářka》(1928)를 샀고 나의 당시 습관적인 학습법에 따라 그
책을 훑어보면서 체코어의 동사 활용과 어형 변화의 비밀을 파
헤쳤다. 책의 귀퉁이에 내가 알아낸 규칙들을 적었다. 불쌍한
책은 이렇게 무자비하게 다뤄진 결과 내가 집에 도착한 순간에
찢어져버릴 정도였다.
　　내 이탈리아어 공부의 시작은 그다지 고상하지 않다.
1940년대 초에 시내의 어느 야심찬 직공이 이탈리아인에게 구
두 갑피를 제조하는 기계의 특허권을 팔려고 했다. 고생고생하
며 꼼꼼히 사전을 뒤졌지만 번역은 암중모색을 거듭했다. 내 문
체가 신비로운 느낌을 줘서 깊은 인상을 받았는지 이탈리아인
들은 정말로 특허권을 사기로 했다.
　　스페인어와는 좀 더 최근에 인연을 맺었다. 스페인어 공부를
시시껄렁한 미국 베스트셀러《신사는 금발을 좋아한다Gentlemen
prefer blondes》의 스페인어 번역본을 읽으며 시작했다는 걸 밝히

자니 얼굴이 붉어진다. 그 책을 마칠 무렵에 내게 필요한 것이라고는 내가 익힌 어형론과 통사론의 규칙이 맞는지 확인하는 것뿐이었다. 키라이 루돌프Király Rudolf가 쓴 문법 참고서의 도움을 많이 받았다.

이 시점에 나의 흥미는 점점 번역보다 통역으로 이끌려갔는데 그 이유는 1960년대 후반에 부다페스트가 국제회의의 도시로 발전했기 때문이다. 앞으로 이 책에서는 내가 생각하기에 수많은 지능적인 직업 중에서 가장 재미있는 통역이라는 주제를 훨씬 더 많이 다룰 것이다. 여기에서는 나의 생애 첫 '라이브 행사'가 성공을 거두었다는 정도만 적겠다. 부다페스트에서의 첫 번째 통역을 하고 나서 대표단 가운데 한 사람이 내게 서독 회의에서도 통역을 할 수 있는지 물어왔다. 나는 기쁘게 받아들였고, 초대장을 받고 나자 나를 초청한 이들의 언어를 익히는 게 좋은 매너라는 생각이 들었다.

이렇게 해서 나의 언어 학습 커리어는 한 바퀴를 빙 돌아 별 볼 일 없었던 시작점인 독일어로 다시 돌아왔다.

언어란
무엇인가

몇 안 되는 글자로 이보다 더 많은 함축을 갖는 단어는 아마 없을 것이다. 헝가리어로 '언어nyelv'는 '혀'도 뜻하기 때문에 헝가리의 해부학자는 이 낱말에서 인간의 의사소통보다는 혀뿌리, 혀 몸통, 혀의 날, 혀끝으로 나눠지는 근섬유 조직을 떠올릴 것이다. 헝가리의 미식가는 메뉴판에 적힌 스튜, 피클, 훈제한 형태의 맛있는 고기 조각을 떠올릴 것이며 신학자는 붉은 빛으로 상징되는 성령강림절이 생각날 것이다. 헝가리의 작가는 자연에 감히 대적하지 못하는 도구를 생각할 것이고[1] 시인은 악기를 상상할 것이다.

생업으로 언어를 다루는 사람은 보통 언어학자나 문헌학

---

1   페퇴피 샨도르Petőfi Sandor의 시 〈티사 강〉의 구절 중에 이런 말이 있다. "자연이여, 영광스러운 자연이여! 어느 혀가 그대와 어찌 견줄 수 있으랴?"

자로 불린다. 이들은 언어 이론을 생각해내고 언어와 문화 사이의 관련성을 연구한다.

헝가리인은 언어를 사랑하고 쉽게 배우며 말을 잘하지만 아이러니하게도 언어를 직업이나 취미로 다루는 사람을 특정하게 부르는 표현은 딱히 없다. 다른 언어에서도 언어 전문가나 애호가를 한 낱말이나 표현으로 일컫는 경우는 드물다. 나는 언어학자와 언어 전문가 또는 애호가의 차이가 마치 안무가와 발레리나만큼이나 다르다고 느낀다.

이 책의 대상은 언어를 실제로 사용하려고 익히는 언어 애호가나 전문가다. 이들은 빈틈없고 잘 교육받은 사람으로서 공부하는 분야의 더 넓은 배경에 흥미가 있기 때문에 책에서 이론 얘기도 할 필요가 있다. 게다가 전체를 넓게 파악하면 배울 언어를 제대로 고르고 효과적으로 습득하기 더욱 쉬워진다고 믿는다. 물론 언어학자에게는 내 견해가 너무 단순하고 언어 애호가나 전문가에게는 너무 이론적일지 모른다는 것도 잘 알고 있다.

언어를 배워야
하는 이유

기본적인 질문 두 가지로 시작해보자. 왜 언어를 배워야 하는가? 왜 하필 언어인가? 답하기 더 쉬운 둘째 질문부터 시작하겠다.

엉성하게 배워도 알아두면 좋을 만한 것이 언어밖에 없기 때문에 언어를 배워야 한다.

만약 바이올린 솜씨가 서툴다면 연습에 들이는 고통스러운 시간이 연주에서 얻는 즐거움보다 훨씬 클 것이다. 아마추어 화학자는 직업적인 명예를 열망하는 순간 조롱을 면치 못한다. 적당히 기술 있는 의사는 성공하지 못하며 자격증 없이 자기 지식만으로 개업을 하려다가는 돌팔이 의사로 감옥에 갇힐 것이다.

오직 언어의 세계에서만이 아마추어가 가치를 발휘한다. 실수가 가득하다 해도 좋은 의도의 문장은 사람들 사이에 다리를 놓을 수 있다. 베네치아 기차역에서 어떤 기차를 타야 하느냐는 엉터리 이탈리아어 질문도 절대 쓸모없지 않다. 잘 모르고 입 다물고 있다가 밀라노가 아니라 다시 부다페스트로 돌아오는 일보다 훨씬 낫다.

* * *

언어학자들은 첫 번째 질문을 놓고 많은 글을 썼다. 우리는 왜 언어를 배우는가. '동기'는 매우 중요하기 때문에 두어 해 전에 독일에서 이 주제를 놓고 엿새 동안 학회가 열리기도 했다. 간단히 말하자면, 우리가 어떤 일을 하고자 하는 동기는 그것을 이루기 위해 무엇이 필요한지를 알 때 생겨난다. 비유를 하자면 러시아어는 복잡하고 거대한 대성당처럼 모든 곡선과 모퉁이가 조화를 이루며 만들어져 있다. 학습자가 이점을 받아들여야 '그 건물을 지을' 동기를 충분히 가지게 된다. 배우기 쉽다고 칭송받는 이탈리아어는 이와 대조적으로 구조가 단순하고 더욱 명확한 평면도가 있다. 하지만 그 건물을 지을 때 세세한 부분에 돈을 아낀다면 건물은 무너질 것이다. 언어를 배우려는 동기를 얻으려면 이 점을 알아야 한다.

얼마 전에 어린아이를 키우는 엄마에게서 들은 이야기다. 페테르는 생일 선물로 호루라기, 북, 트럼펫을 받았다. 소년은 장난감들을 자기 방 벽에다가 하나씩 걸어도 되느냐고 물었다.

"안 돼. 벽에 못을 너무 많이 박으면 지방 정부에서 나와서 벌을 줄 거야." 엄마가 말했다.

"못을 왜 박아요? 못의 안쪽은 필요 없어요. 밖에 튀어나온 부분만 있으면 된다고요!"

누군가 언어를 수동적으로만 배우고 싶다고 말하는 걸 들을 때마다 나는 어린 페테르를 떠올린다. 언어는 못과 마찬가지로 박힌 만큼 무게를 짊어지게 되어 있다. 깊이 박히지 않으면 약간의 무게만 얹어도 무너져 내릴 것이다.

언어의 건물에는 커다란 홀이 네 개 있다. 듣기, 말하기, 읽기, 쓰기를 모두 습득한 사람만이 그 건물의 거주자라고 선언할 수가 있다. 이 홀에 살려는 사람은 신화 속 영웅처럼 난관을 극복해야 한다. 마치 오디세우스처럼 '또 기억이 안 나네'라고 말하는 키클롭스를 무찔러야 하고 '텔레비전에 재미있는 프로그램이 나와'라고 읊조리는 세이렌의 노래에 맞서야 한다. 하지만 이런 비교는 엄밀하지 않다. 이 약삭빠른 그리스인은 집에 가겠다는 욕구를 동기 삼아 모든 난관을 이겨낼 수 있었다. 신중하고 합리적인 방식으로 과업과 맞붙는다면 언어의 건물을 통과하는 것만으로도 즐거움과 동기가 생길 것이다.

어떤 언어를
공부할까?

선택의 범위는 아주 넓다. 성경에 따르면 하느님이 바벨탑을 무너뜨려 여러 언어가 태어났다. 그 탑이 무너지자 각기 다른 72개 언어가 생겨났다. 노아의 세 아들에게 자손이 72명 있었기 때문이다. 셈은 26명, 함은 32명, 야벳은 14명의 자손이 있었다.

자손과 언어의 수는 비슷한 수준으로 상당히 크게 늘었다. 독일 주간지 《슈피겔Der Spiegel》에 후자의 대략적인 자료가 나온 바 있다(1994년 제46호). 지구상에 사는 사람들은 6,000개의 언어로 의사소통을 한다. 언어의 수가 줄어든 곳에 대한 설명이 흥미롭다.

해당 대륙에 서구 문화가 퍼지는 만큼 주민들이 원래 사용하던 언어의 수 줄어든다. 6,000개 언어 중에 4,900개는 아프리카와 아시아에 있다. 뉴기니 주민은 800개 언어로, 유럽과 중동 사람들은 고작 275개로 의사소통을 한다.

기사에 따르면 영어는 가장 널리 퍼진 언어다. 그런데 필자들은 그 이유를 언어 제국주의가 아닌 영어가 상대적으로 습득하기 쉽다는 사실 및 역사의 발전으로 돌린다.

현존하는 언어의 정확한 개수는 알 수 없다. 언어가 무지개 스펙트럼과 같다고 치면 우리는 7개의 대표적인 주요 색상을 구별할 뿐이고, 실제로는 색상 사이의 경계가 모호해 다른 빛깔과 어우러져 색을 전부 구별할 수 없는 것과 같다. 이탈리아어에서 프랑스어로 가는 길에 리구리아어와 프로방스어가 있다. 한편으로는 그것을 4개의 별개 언어로 생각할 수 있다. 다른 한편으로는 하나를 이탈리아어의 방언, 다른 하나를 프랑스어의 방언으로 생각할 수도 있다.

언어의 스펙트럼에는 언제나 조금 더 눈부신 빛을 반짝이는 것들이 있다. 이른바 세계어 또는 국제어다. 이 언어들은 '행동반경'이 더 크다. 변변치 않은 언어들을 자기들의 마법 원 안으로 끌어들이려 한다. 이 언어들이 완전히 성공한 적은 없는데 심지어 다키아에서 이베리아까지 뻗어 있던 로마제국의 라틴어도 성공하지 못했다. 나의 증인은 오비디우스다.

이 제멋대로인 시인 공작은 후원자였던 아우구스투스 황

제의 호의를 잃고 궁중 험담 때문에 로마에서 추방되었다. 이 시인은 빛으로 반짝이던 로마제국의 대도시를 떠나서 보잘 것 없는 이들이 사는 토미스로 가야 했다. 그러나 라틴어의 일인자였던 오비디우스는 추방의 수치스러움이 아니라 지역 주민들의 토착어를 알지 못하는 것에 괴로워했다.

Barbarus hic ego sum, quia non intellegor ulli.
아무도 내 말을 못 알아들으니 내가 여기서 야만인이다.

그의 탄식은 이제 번역될 수 있지만 그때 이해받지 못했을 것이다.

국민총생산의 상당한 부분이 관광업으로 이루어지는 오늘날, 외국인 방문객을 둘러싼 현지인들은 숙소를 홍보할 때 자기들 언어가 아닌 그 관광객의 언어로 말한다.

'쉬운' 언어와
'어려운' 언어

    제목의 형용사에 따옴표를 한 이유는 언어마다 난이도가 다르다는 데 의문을 품어서가 아니다. 그보다는 다음과 같이 물어야 하기 때문에 따옴표를 쳤다. '어떤 언어가 누구에게 쉽고 누구에게 어려운가?'

    모국어는 누구나 자기만의 언어 지능 수준에 상응하게 익힌다. 하지만 외국어에 있어서는 조금 다르다. 스톡홀름에 사는 헤르Herr 보르크비스트는 상대를 이해시킬 만큼의 노르웨이어를 며칠이면 익힐 것이고, 이탈리아 사람 시뇨레Signore 피로네는 스페인어를 쉽게 할 것이며, 러시아 사람 표트르 페트로비치는 우크라이나에서 적당히 말이 통할 것이다. 전체적으로 볼 때 언어를 배우기가 얼마나 쉬운지 일반적인 기준이 있는데, 다중 언어 구사자의 관점에서 언급하고 싶다.

    모든 언어는 기호 체계다. 영어 'code'는 상황 따라 달라지는 외교 '관례'라는 뜻도 있는데 여기서는 '기호'로서의 언어를 다룬다. 언어는 오히려 교통 신호를 닮았는데, 영속적이며 이해하기 쉽다는 점이 그렇다. 빨간불은 세계 모든 지역에서 멈추라는 명령이다. 파란불은 건너라는 뜻이다. 화살표는 교통 흐름의 방향을 보여준다.

언어에도 국제 부호가 있다. 바로 구두점이다. 마침표는 문장의 종료를 나타내며 쉼표는 문장이 계속됨을 의미한다. 물음표와 느낌표는 누가 봐도 명백하다.

하지만 부호의 보편성은 이 시점에서 멈춘다. 누구나 모든 언어의 음성학, 어휘, 문법을 따로따로 익혀야 한다. 이를 규칙, 패턴, 패러다임, 심지어 서브루틴이나 프로그램이라고까지 말할 수 있다. 나는 구두장이의 구두골(구두 안에 넣어 모양을 유지하도록 돕는 기구)이라는 용어를 선호한다. 그러니까 난 이 마지막 단어를 고수하겠다.

언어는 (1) 소리/문자로 의미 있는 단어를 만들 때, (2) 단어로 문장을 만들 때, 구두골이 더 많이 필요할수록 더 어렵다.

중국어는 낱말을 가지고 문법적인 면에서 골치를 썩일 일이 사실 없는 것이나 다름없다. 중국어와 일본어 공부는 이론적으로 일부 글자가 표의 문자, 즉 글자의 형태가 뜻을 나타내기 때문에 더 쉬웠다. 영어에서는 clap, splash, knock 같은 몇 가지 의성어와 동물 소리를 내는 roar, croak, bleat 같은 일부 동사에만 적용된다. 중첩 형태는 헝가리어에 흔한데(csip-csup, kip-kop, tik-tak[1]), 딴 언어들에서는 덜 빈번하며 대개 깔보거나 비웃는 어감이다. 영어의 riff-raff, tittle-tattle[2]이나 독일어 Mischmasch[3], 프랑스어 charivari[4], 히브리어의 lichluch, bilbel, kishkush[5]처럼.

우리는 이렇게 재미있는 형태와는 별개로 소리와 의미의 연결을 익혀야 할 뿐 아니라 소리와 글자 사이의 연결고리 또한 익혀야 한다. 훌륭한 사전은 이 두 가지 정보가 모두 나온다.

* * *

이제 남은 것은 소리와 글자가 어떻게 연결되는지, 그러니까 음운구조다. 어릴 때부터 쓰던 모어는 다들 그냥 원래 그렇다고 느낀다. 초등학교에서 익힌 헝가리어 철자와 발음이 자연스럽게 몸에 배었기 때문에 어째서 철자와 조금 다르게 tud-ja[6]를 [투껴(tuggya)]로, tartsd[7]를 [터르쥬드(tardzsd)]라고 발음

---

1   순서대로 작은/사소한, 똑똑/팔딱팔딱, 똑딱똑딱(시계 소리).

2   순서대로 인간쓰레기, 잡담이라는 뜻.

3   뒤죽박죽.

4   시끄러운 소리를 뜻하는 말.

5   순서대로 먼지/때, 혼란, 괴발개발.

하는지를 모른다. 내가 말소리의 다양성을 인지하게 된 것은 형
가리어를 배우는 독일인 학생이 pártalan, páratlan, parttalan,
pártatlan, párttalan[8] 발음을 구별하기가 너무 힘들다면서 투덜
거리는 걸 들었을 때였다. 또한 megörült, megőrült, megürült,
megőrölt……[9] 같은 단어들 사이에서 헷갈리기도 쉽다.

그리고 이 모든 것이 한 언어 안에 들어 있다. 하지만 우리
가 외국어를 배우면 'vice'라는 단어가 다른 여러 언어에서 형
가리어와 의미가 같더라도[10] 프랑스어는 [비스/vis], 영어는 [바
이스/vais], 이탈리아어는 [비체/vitʃe]로 발음하고 독일어는
'Vize[vitse]'로 표기한다는 사실에 익숙해져야 한다.

영어는 철자와 발음의 간극이 가장 큰 언어다. 우리는 햄릿

---

6 헝가리어로 '그는 안다'(직설법으로 쓰일 때) 또는 '알아야 한다'(접속법으
    로 쓰일 때)라는 뜻. d+j는 헝가리어의 ggy[ʒ/지]와 비슷한 소리다.

7 헝가리어로 '듣고 있어야 한다'(접속법)라는 뜻. t+s는 한 소리로 [tʃ]로 나
    는데, 유성 자음 d 앞에 오면 유성음화가 일어나 dzs[dʒ]가 된다.

8 Pár=짝, párt=정당, part=바닷가/강가/기슭이라는 뜻이고 -talan 와 -atlan
    는 결여의 뜻을 나타내는 결성사(privative)다. 그러므로 pártalan='짝 없
    는'(드물게 쓰임), páratlan='홀수/외짝/비할 데 없는', parttalan='기슭이
    없는/끝없는'이라는 뜻이며, pártatlan='공평한', párttalan='당파 없는'이라
    는 뜻이다.

9 순서대로 그는 행복해졌다, 그는 미쳤다, 그것은 비었다, 그는 갔었다, 라는
    뜻이다.

10 뜻은 '대리자'이고 헝가리어 발음은 [비체, vitse]인데 요즘은 안 쓰는 말이다.

의 유명한 구절 'To be or not to be'에서 장음 /i/ 발음이 'e'로 적히는 것에 익숙하다. 그러나 같은 발음이 'bee'에서는 'ee'로 적고, 'leaf'에서는 'ea'로 'siege'에서는 'ie'로 'key'에서는 'ey'로 적힌다.

난 음악가들에게 질투가 난다. 소리의 연속, 그러니까 예를 들어 '엘리제를 위하여' 같은 곡은 오늘날에도 똑같이 연주되니까 말이다. 솜씨 좋은 알바니아의 피아니스트와 19세기의 영국 피아니스트는 같은 음으로 연주한다. 악보와 선율의 관련성은 영속적이고 국제적이지만 글과 소리 사이의 관계는 언어마다 다르다. 무엇보다도 개별 언어의 문자에 따라 결정된다.

이런 언어 음운구조의 다양성은 기만적일 수 있다. 한번은 베를린의 어느 식당에 간 적이 있다. 메뉴판에 매력적으로 들리는 요리가 적혀 있었다. 바로 Schtschie. 나는 하릴없이 그걸 주문하고 말았다. 주문한 음식이 나오고 나서야 이국적인 생선일 거라고 생각했던 그 요리가 다름 아닌 러시아의 국민 요리 보르시(양배추 스프)라는 걸 알게 되었다.

따라서 공부하는 언어의 구두골에 익숙해져 소리에서 글자를 짐작하고 글자에서 소리를 낼 수 있어야 한다. 이와 유사하게 우리는 두 가지 다른 과정을 시작한다. 바로 소리나 글자를 쌓아 단어를 만들고 단어를 쌓아 문장을 만드는 것이다.

나는 건축으로 비유 드는 것을 좋아하는데, 반드시 적절한 낱말들을 골라서 한데 합쳐서 문장을 만들 줄 알아야 하기 때문이다. '결합 과정'에 따라 언어는 세 가지 주요한 종류로 나뉘는데 고립어, 교착어, 굴절어 중 무엇이냐다.

이론적으로 고립어는 이 셋 가운데 가장 단순해 보인다. 사전에 나온 형태 그대로 단어를 나열할 수 있기 때문이다. 반면에 교착어는 문장을 만들 때 사전 표제어에 '아교' 구실을 하는 접미사가 필요하다. '교착'을 뜻하는 영어 agglutinative는 '풀, 아교'라는 의미의 라틴어 gluten에서 유래한다. 굴절어는 사전 표제어를 문장 속 위치에 따라서 굴절시켜야(구부려야) 한다.

역사언어학자들에 따르면 10만 년 전에 분절음[11]을 갖춘 말이 생겼다. 언어 사용자는 그 이후 수십억으로 불어났다. 위의 세 가지 유형이 처음부터 지금까지 온전히 똑같다면 그게 기적일 것이다. 영어는 한때 굴절어였다. 현재의 유형으로는 같은 어족인 인도유럽어보다는 전형적인 고립어인 중국어에 더 가깝다. 실제로 훌륭한 언어학자인 프레드릭 보드머Frederick Bodmer는 알프레드 대왕(871~901)의 영어는 전형적인 굴절어였으며, 미국 영어는 대개 고립어의 특징을 보인다고 언급했다.

헝가리어를 배우는 외국인 학생은 이 문제를 어떻게 연관

---

11 음절보다 한 단계 작은 언어학적 단위. 자음과 모음.

시킬지 모르지만, 헝가리인은 확실히 átengedhetnélek(너를 지나가게 할 수 있다)를 다른 언어의 (더 긴) 같은 뜻 문장보다 더 쉽게 느낀다. 예를 들어, 영어 'I could let you go through', 독일어 'ich könnte dich durchgehen lassen', 러시아어 'я мог бы пропустить тебя'보다 더 쉽다고 느낀다.

* * *

우랄어족 또는 핀우그리아어파 언어의 이점은 문법에 성 개념이 없다는 점이다. 이 점에서 셈어족 언어와 뚜렷한 대조를 이루는데 셈어족은 숫자를 댈 때도 성에 따라 형태가 달라진다. 어쩔 수 없이 히브리어로 '모른다'를 말하기 위해 (슬프도다, 얼마나 자주 있는 일이던가!) 전통적인 부정어 'en(없다/아니다)'을 쓰려면 성과 수에 따라서 무려 10가지(!) 중에서 올바른 형태를 골라야 한다. 건강한 언어학적 본능으로 이것은 일상에서 'lo'로 바뀌기도 했다.

일부 언어에서는 구두골이 덜 필요하다. 영어는 소수의 예외 말고는 -s 하나만 붙여서 명사의 복수 형태를 만들 수 있다. 동사 활용 역시 3인칭 단수 현재 시제에만 -s를 붙인다. 그러나 어미가 모자라다 보니 어순에 더욱 엄격하다. 만약에 헝가리어

'Túrót eszik a cigány[12]'를 영어 어순으로 번역한다면 '코티지치즈가 집시를 먹는다'가 된다.

독일어 문법은 어렵다. 형태가 단순한 영어와 대조적으로 헐라스 엘뢰드Halász Előd의 독일어 사전은 한 낱말에 무려 49가지(!) 다른 꼴을 나열한 경우도 있다. 독일어 동사는 헝가리어와 마찬가지로 다양한 접두사가 있다. 그러나 두 언어는 이를테면 약간 기만적인 면이 있다. 예를 들어, 접두사 'ver-'는 헝가리어의 'el-'이나 'meg-'[13]처럼 순진무구해 보이지만 실은 그렇지가 않다. meiden과 **ver**meiden은 둘 다 '피하다'[14]이지만 kaufen과 **ver**kaufen은 '사다'와 '팔다'를 뜻한다. lernen과 **ver**lernen은 '배우다'와 '배운 것을 잊다'라는 뜻이다. 그리고 sagen과 **ver**sagen은 '말하다'와 '실패하다'이며, 말실수하지 않으려면(**ver**sprechen) 말할(sprechen) 때도 조심해야 한다!

---

12 '코티지치즈를 집시가 먹는다'라는 뜻. 민요의 시작 구절. 이 헝가리어 문장에서는 목적어가 맨 앞에 오고(목적격 어미 -t), 동사 다음 맨 뒤에 주어가 온다.

13 헝가리어 el-은 '떨어짐, 없어짐'을 뜻하고 meg-는 완료를 나타내는 접사다.

14 이에 해당하는 헝가리어 낱말도 비슷하게 접두사만 다르다. kerülni vs. elkerülni.

* * *

사투리를 배우는 건 별로 소용이 없다. 관용구 배우기도 유용하지 않은데 이런 표현은 언어가 낳은 속 썩이는 자식과도 같아서 십대들의 은어나 속어처럼 빠르게 바뀌기 때문이다. 하지만 사회방언sociolect(특정 사회 집단이 쓰는 언어 변종)은 알아야 한다. 이것은 헝가리어에서 중요한 역할을 한다. 헝가리어는 연장자나 사회적으로 더 높은 지위의 파트너들을 마치 그 자리에 없는 것처럼 3인칭으로 부른다. Professzor **úr** tart ma előadást?[15]

사회 계층별 방언 연구는 종종 문법보다는 단어 선택에 관련되어 있다. 이국의 고위층 외교관이 헝가리 여성과 결혼을 한 경우가 있었다. 둘은 아이를 두었고 여자는 때로 자식에게 헝가리어로 말을 했다. 어느 날 우리 정부의 요원 한 명이 사무실에 방문하자 그 외교관이 자리에 앉기를 권하면서 다음과 같이 말했다. "Csüccs!"[16]

---

15 "교수님 오늘 강의하시나요?"라는 뜻. 헝가리어에서는 2인칭 대명사 대신 영어의 Mr.에 해당하는 'úr' 형태를 주로 쓰는데, 당신을 뜻하는 'ön'은 너무 거리감이 있거나 딱딱한 말투고 자기(maga), 너(te)는 너무 개인적이고 친밀한 느낌이기 때문이다. 3인칭과 격식 2인칭은 동사 활용이 똑같다.

일본에서는 다른 언어들과 비교할 때 과해 보일 정도로 겸손과 겸양의 수준을 요구하는 또렷한 경어법이 있다. 예를 들어, 식당 직원은 손님에게 이렇게 말해야 한다. "물을 가져다드릴까요(お水をお持ちいたしましょうか)?"

"안녕하세요?"에 대한 표준적인 응답은 "덕분에 잘 지냅니다(お陰さまで、元気です)."이다.

---

16 "앉아." 헝가리 아동 언어다. 알맞은 표현은 "Foglaljon helyet(자리에 앉으세요)."

그 언어를 어떻게 하면
배울 수 있나요?

이런 질문을 종종 받는다.

"영어, 러시아어, 프랑스어, 독일어, 스페인어(상황에 따라 다르다)를 어떻게 배울 수 있나요?"

확실하고 고통 없이 독일어를 배우려면 독일인으로 태어나는 수밖에 없다. 음, 그러기엔 조금 늦었다. 어떤 사람은 10년, 어떤 사람은 20년이나 30년 정도 늦었는데, 어쨌거나 우리 모두 일생일대의 기회를 놓친 것이다.

또 다른 해결책은 독일어권에 사는 것이다. 가능하면 어린 시절에 오랜 기간 동안 살아야 한다. 이건 보다 실현 가능한 일이지만 쉽게 성공할 만한 방법도 아니다.

세 번째 해결책은 일주일에 두 개 이상의 수업을 정기적으로 부지런하게 듣는 것이다. 4~5년이 지나면 높은 수준의 언어 지식을 지니게 된다.

이 책의 목표는 이런 고전적이며 가장 흔한 언어 학습을 대체하려는 것이 아니다. 보충 교재가 되는 것이다. 세상 돈을 다 받는다고 해도 '비법'을 전수해줄 책은 쓸 수 없다. 나는 내가 25년이 넘도록 어떻게 해서 10개 언어로 말을 하고 기술 문서를 번역하며, 6개 더 많은 언어로 소설책을 즐기고, 11개 더 많은 언어로 언론지를 이해할 수 있게 됐는지 알려주고 싶을 뿐이다.

10가지 언어를 정말 유창하게 하려면 전통적인 방식으로는 최소한 60년이 걸릴 것이다. 그 이유는 내가 배운 언어 중에는 중국어와 일본어처럼 '어려운' 언어들이 있기 때문이다. 따옴표는 쉬운 언어가 없다는 뜻으로 한 것이다. 기껏해야 대충 배우기에 좀 더 쉬운 언어가 있을 뿐이다.

난 아직 지식의 문을 짠 열어줄 마법의 주문을 찾아내지 못했다. 그런 마법의 주문이 세상에 없다는 것도 그러지 못한 가지 이유다. 그럼에도 내가 여전히 스스로의 경험을 말하고 싶어 하는 이유는 지난 반세기 동안에 공부라는 것이 버거운 짐이 되기는커녕 마르지 않는 즐거움의 샘이 되어주었기 때문이다. 나와 언어 학습의 관계가 개인적인 특성이라고 느꼈다면 이 책을 쓰지 않았을 것이다. 나의 방식이 지식에 목말라 있고 지적인 모험을 할 각오가 되어 있는 모든 이에게 유용할 거라 믿는다. 때문에 내가 이끌어낸 결론을 세상에 전파하고 싶다.

학습 동기가 부족하거나 급한 일정으로 발전을 방해받는 언어 학습자들이 있다. 이 책은 그런 사람들을 위한 게 아니다. 그들은 전문적인 그리고 능력이 뛰어난 선생님들에게 교육받을 거라는 데에 의심의 여지가 없다. 선생님의 속도에 만족하지 못하는 사람들에게 나의 보잘것없는 경험을 전해줌으로써 배움의 즐거움은 높여주고 공부의 어려움은 낮춰주고 싶다.

이 책의
독자에 대하여

나는 사실상 세상에 존재하지 않는 사람을 독자로 두고 이 책을 썼다. 바로 평균적인 언어 학습자.

'평균적'이라는 것은 세상에서 가장 추상적이고도 희귀하다. 통계 보고서를 읽을 때마다 나는 불운한 이 시대의 평균적인 사람을 상상해보곤 한다. 이런 보고서에 따르면 그들은 자녀가 0.66명, 자가용이 0.032대, 텔레비전은 0.046대가 있다.

그럼에도 내가 이 책을 구상할 때 염두에 둔 것이 바로 평균적인 언어 학습자였다. 그러니까 이 사람을 자세히 묘사하는 일은 피할 수 없다.

나이는 열여섯 살에서 아흔여섯 살 사이다. 직업은 무엇이든 상관없다. 대학생, 정원사, 치과의사, 재봉사, 은퇴한 경리 부장일 수도 있다. 자격이 없는 두 가지 조건도 있다. 바로 자유시간이 너무 많거나 너무 적은 경우.

내가 이야기를 할 때 거의 매번 언급하는 두 가지 질문을 여기에 끼워 넣어보겠다. 외국어를 처음 배우기에 가장 좋은 나이는 몇 살일까, 그리고 여전히 언어 공부를 시작할 수 있는 최고령은 몇 살일까?

　　첫 번째 질문은 보통 부모에게 관련이 있고 두 번째 질문은 여가 시간을 유용하게 보내려는 연금 수급자와 관련이 있다.

　　첫 번째 질문부터 시작해보자. 영아 수영 강좌와 관련된 실험을 인용해보겠다. 실험자는 2주 된 아기들이 몸 크기에 맞는 대야에서 아무런 거리낌 없이 노는 것을 관찰했다. 아기가 양수 안에서 보낸 여러 달의 기억이 여전히 신경세포에 담겨 있다는 것은 이론화되었다. 하지만 생후 6개월이 되면 아기들은 거리낌 없이 물속에 들어가지 않는다. 공기라는 현상에 익숙해지게 된 것이다.

　　이것은 언어에서도 대동소이하다. 모국어는 억제제이자 편견이다. 다른 사람들처럼 말은 하지만 도무지 이해 못할 말을 하는 상대에게 너덧 살 먹은 아이가 화가 나서 발을 구르고 주먹을 꼭 쥐고 위협까지 하는 모습을 나는 본 적이 있다.

　　모국어의 편견이 자리 잡기 전에 시작하는 즐거운 방식의 외국어 교수법에는 일반적으로 '아이가 어느 쪽 언어도 제대로 못 배울 것'이라는 반대 주장이 제기된다. 솔직히 말해서 난 그런 예를 평생 본 적이 없다. 만일 그 말이 사실이라면 국경 지역에서 크거나 외국인 유모 손에 자란 이중언어 구사자 어린이는 모두 바보가 되고 말았을 것이다.

조기 외국어 교육, 특히 친족에 의한 조기 외국어 교육을 반대하는 까닭은 바로 효율성이 거의 없기 때문이다. 아이에게 있어서 어머니, 아버지, 조부모는 이미 모국어와 떼어놓을 수 없는 존재다. 하지만 만약에 부모 중 한 사람이 외국어를 하는 원어민 화자라면, 아직 유연한 어린이의 마음을 가르칠 기회를 잡으면 된다. 교육의 결과는 아이가 동기를 가지고 의식적으로 외국어를 익히기 시작하는 먼 훗날에나 나올지도 모르지만, 그래도 도움이 될 것이다.

가르치는 부모가 외국어 원어민 화자일 것을 강조하는 이유는 어린 시절은 기술이 무의식적으로 발달하는 나이이기 때문이다. 언어 학습에 있어서는 낯선 소리를 기계적으로 모방하는 시기이다. 일정한 나이(보통 열두 살에서 열네 살)가 지나면 대개는 원어민 같은 발음을 습득할 수가 없다.

***

나는 내 학습법을 자유시간이 너무 많거나 너무 적은 사람에게는 추천하지 않는다. 언어 학습에 무제한으로 시간을 쏟아부을 수 있다면 집중 프로그램을 따라갈 수 있다. 그러한 프로그램은 이 책이 다루는 범위 밖에 있다. 반면에 외국어 학습에 하루에 60~90분도 쓸 수가 없다면 마찬가지로 적절하지 않다. 이 책은 평균적인 언어 학습자를 위한 것이다.

또한 이런 언어 학습에 대한 실제적인 문제 외에도 어느 정도의 흥미가 필요하며, 전통적이고 꾸준하게 학습하는 페이스와 약간의 조바심을 가지는 쪽이 유익하다. 이 시대는 학습에도 가속이 요구되기 때문이다.

언어 교수법은 건축과 같다. 그 방법이 생겨났던 시대의 특징이다.

이 책의 목적은 사회과학에 대한 복잡한 연구를 담지 않으며 길이 관계상 허락되지도 않는다. 그래서 나는 이전 단락을 교육의 언어로 다시 말해보겠다. 역사적으로 모든 시대의 표면에 떠오른 언어 학습법은 그 시대의 사회적 요구에 걸맞은 것이다.

이러한 요구는 시간의 흐름에 따라 어떻게 달라질까?

외국어 학습은 로마시대에 시작했으므로 로마인의 언어 학습 역사부터 간단히 살펴보고자 한다. 독일 유머 작가 쿠르트 투홀스키Kurt Tucholsky의 말대로 "이미 고대 로마인은……"이라고 시작해야 진지한 논저로 간주되어서가 아니다. 언어 전문가라는 직업이 끝없는 영예를 거둔 시대이기 때문이다. 군사적 정복에 중독되어 있던 로마인이 처음으로 무기를 내려놓게 만든 것은 바로 상위 문화에서 사용된 그리스어였다.

Graecia capta ferum victorem cepit et artes intulit agresti Latio.
그리스는 붙잡혔지만 난폭한 승리자를 잡아 촌스러운 라티움에
학식을 전했다.

호라티우스: 서신 II, 1

승리를 거머쥔 로마는 벼락부자 같은 욕심을 품고 잘 발전
한 그리스 문화에 덤벼들었다. 로마는 그 시대에 걸맞은 방식으
로 이 문화를 도용했다. 그리스인들을 라티움으로 굴러가는 전
차에 태웠다. 아니, 사슬로 묶어 뒤에서 쫓아오게 만들었다. 이
렇게 해서 로마의 젊은이들은 그리스인 전쟁 포로에게 그리스
어를 배웠다.

첫 언어 선생들의 운명은 다른 그리스인 동포들에게 부러
움의 대상이 아니었다. 그들은 학생과 말할 때에만 로마인 주인
과 의사소통하는 것이 허락되었다. 매부리코에 검정 머리를 땋
은 로마 젊은이가 수업을 지겨워하면 교사는 동포 노예들과 마
찬가지로 말을 할 수 없었다.

시간이 흐르면서 로마인은 그리스인이 그랬던 것처럼 뛰
어난 예술 작품으로 세상을 풍요롭게 했다. 라틴의 지식은 봉건
세계의 상징, 바로 특권 계급에 속해 있다는 상징이었다. (누군

가는 오늘날 미국의 언어를 지위의 상징이라고 부를 것이다.) 이 말은 언제나처럼 사회적 분리가 혜택을 받지 못하는 다른 계급을 억압하는 데 사용되었음을 의미한다. 여성이 라틴어나 그리스어를 공부하도록 허락받는 일은 드물었다. (19세기의 헝가리 작가인 믹사트Mikszáth Kálmán의 단편 소설에 나오는 귀족의 아내들은 남편들이 라틴어로 대화하면서 자기들을 대화에서 소외시키는 것에 화가 나 있다.)

자본주의가 탄생하면서 신흥 중산 계급이 언어 학습을 사회적 도약대로 삼은 것도 이해가 간다. 중산 계급은 두 개의 고전 언어를 배우면서 사회적인 지위가 올라가기를 바라는 동시에 그 언어를 구사하지 못하는 다른 계급과 자신을 분리해서 생각하려고 했다. 바로 이때 김나지움[1]이 탄생했다. 이곳의 커리큘럼은 완전히 두 개의 언어 공부를 중심으로 설계되었다.

라틴어와 그리스어를 가르치는 목적 중 하나는 훈육이었다. 학생에게 문법을 외우도록 강제하는 이러한 사고방식은 독일 기숙학교의 군대 막사 같은 분위기 그리고 종종 가학으로 이어지던 영국 공립학교의 분위기와 잘 맞아떨어졌다. 라틴어 'disciplína'에서 온 영어 'discipline'에 '학문 분야'와 '훈육'이라는 뜻이 있는 건 우연일까?

---

1 Gymnasium. 학생의 대학 입학을 준비시키는 중학교의 일종.

최초의 진정한 대규모 언어 학습 작전이 죽은 언어 두 개를 둘러싸고 벌어졌다는 사실은 오랜 기간 동안 학습법을 결정했다. 참으로 안타까운 일이다. 왜냐하면 학생들이 언어적 요소를 편리한 도구나 의사소통에 재량껏 사용할 수 있는 쌓기 블록이라는 것을(오늘날 굉장히 강조되는 부분) 상상도 못 했기 때문이다. 학교가 이러한 짐에서 자유로워지는 데까지 한 세기가 걸렸다.

* * *

기원전에 살았던 우리 조상의 목소리가 전자기기에 녹음돼 있지 않기 때문에 교육 현장에서 발음 문제가 체계적으로 언급된 적이 없는 것은 이해할 만하다. 내가 알기로 발음 논란은 오늘날까지도 진정되지 못했다. 영국에서는 카이사르Caesar와 키케로Cicero를 /kaisar/와 /kikero/라고 읽는데, 헝가리인들은 [차이사르/tsaysar]와 [치체로/tsitsero]라는 발음으로 익숙하다. 그건 그렇고 고전 언어 학습을 가장 오랫동안 가장 완고하게 주장한 것은 영국이었다. 의회에서 어느 귀족이 라틴어 경구를 말하다가 중간에 막히면 모든 상원 의원이 일어서서 입을 모아 그 경구를 말하곤 했다.

영국이 전통을 숭상한다는 사실 외에도 라틴어와 그리스

어가 그렇게 오랫동안 영국 학교의 커리큘럼에 들어 있는 이유가 있다. 영국의 철자법은 발음과 별 연관성이 없어서 고전 언어를 알면 더 쉽게 배울 수 있다. 발음이 각각 [오션]인 ocean과 [시어터]인 theatre는 라틴어 oceanus[오케아누스], theatrum[테아트룸]이나 그리스어 Ὠκεανός[오케아노스], Θέατρον[테아트론]을 미리 알고 있다면 철자를 더 쉽게 적을 수 있다.

19세기 중반까지 상류층은 국경을 넘어 결혼하고 정착하여 현지 주민과 섞였기 때문에 도시 중산층은 외국어를 할 줄 알았다. 19세기 말은 지리나 가족 환경에 따른 언어나 고전어보다 다양한 근대 언어에 대한 흥미가 더욱 커졌다. 등에는 꾸러미를 짊어지고 주머니에는 도구를 넣은 채 큰길로 나선 방랑자들은 모험심과 더 큰 빵 조각을 향한 희망뿐 아니라 언어를 배우려는 열망의 인도를 받기도 했다. 아이를 맞바꿔 가르치는 것도 이러한 요구를 충족시키려고 나타났다.

기차는 우편 마차를 갈아치웠고 돛단배도 증기선으로 바뀌었다. 나라들끼리 서로 가까워졌다. 국경 너머를 향한 사람들의 관심은 더욱 간절해졌다. 무역 관계 진흥은 새로운 동기가 되어주었고, 이 새로운 동기는 새로운 형태의 지식을 불러왔다. 바로 누군가가 말하는 살아 있는 일상의 언어들이다. 좀 더 근대적인 언어 학습법 탄생의 기회가 무르익었다. 얼마 지나지 않아서 벌리츠Charles Berlitz와 그의 제자들이 나타났다.

벌리츠 교수법의 요점은 물체(개념)와 그 외국어 이름을 모국어로 생각하지 않고 연결을 짓는 것으로 예를 들면 이런 것이다. '이것은 연필이다. 저것은 책이다.'

헝가리 작가 커린티 프리제시Karinthy Frigyes가 지은 《차필라리아Capillária》(1922)에서 조난을 당한 주인공이 깊은 바다의 여왕 앞에 섰을 때, 이게 바로 그가 여왕의 관심을 끌려고 사용했던 방법이었다. "훌륭하신 벌리츠 씨의 방법에 따라서 나는 나 자신을 가리키며 말했다. '인간.'"

이러한 직접식 교수법은 개인 언어 교사들 사이에서 문법-번역식 교수법을 몰아냈다. 하지만 학교에서는 번역이 다양하고 차차 현대화된 형태로 언어 학습의 기초로 계속 이어졌다.

이맘때(19세기 후반) 유럽에서는 열 살 나이의 소년소녀가 학교에서 외국어를 배우기 시작했다. 중학교에 들어갈 때쯤이면 한두 개 외국어를 알게 됐다. 하지만 문법을 반복 연습하고 윤년에나 한 번 나타날까 말까 한 예외를 억지로 암기해야 했다. 중학교를 떠난 아이들은 독일어를 6년이나 8년 동안 배웠어도 실질적인 언어 지식이 거의 남지 않았다. 유복한 시민 가정의 자녀만이 유용한 언어 구사력을 얻었는데, 유모나 가정교사를 둘 만한 부모의 재정적인 관대함과 아이의 시간 투자가 만들어낸 결과였다.

언어 학습의 시각에서 상대적으로 효율적인 유모 시스템은 로마인이 그리스 포로를 교사로 썼던 방식과 개념상 다르지 않다. 유모(착취당하는 집안 잡부)의 임무는 언어 교습뿐만 아니라 예절 교육도 있었다. 내가 우리 업계의 선구자들에게 관심을 갖는 그 이유는 그들이 여성 해방의 선구자로서 힘든 상황 속에서 싸웠기 때문이고 또한 속물적인 환경 속에서 상위 문화의 배턴을 옮기고 넘겨주었기 때문이다.

양차 세계대전 사이에 어린 시절을 보낸 이들과는 다른 식으로 외국어와 관계를 맺은 새로운 세대가 20세기 중반에 성장했다. 목적과 동기가 다시 한 번 변화했다. 지금까지도 언어 지식은 일반 상식의 일부이며 언어를 배우려는 야망은 학생이 노동자가 되면 멈추었다.

그러나 냉전 시대 이후 세대의 언어 학습 욕구는 학교 시절과 함께 끝나지 않는다. 새로운 세대의 목적은 장기적이고 즐거운 학습이 아니다. 세상은 훨씬 작아졌다. 외국인과의 접촉은 더 이상 전문 외교관, 새로운 시장을 찾는 상인, 따분함을 쫓아보려는 여행자만의 특권이 아니다. 매일의 노동과 매일의 여가 시간 동안 다른 언어로 말하는 사람을 여러 번 만나게 된다. 외국어를 배우는 목적이 자기 이익 추구, 호기심 해소, 우정의 표현이라면 외국인들과 한마디라도 하는 법을 최대한 빨리 익혀야 한다.

사람과 학습의 관계를 급격히 변화시킨 데는 기술의 발전도 한몫한다. 부다페스트에서 빈까지 마차를 타고 사흘 걸리던 것을 비행기로 한 시간 만에 가고, 가스등에 불을 밝히는 대신에 스위치로 전등을 켜게 된 우리는 언어 학습에서도 이러한 즉각적인 방식이 필요해진 것이다.

그리고 우리는 편안해졌다. 기술은 신체 및 정신적 불편을 낮춰줄 것이다. 언어 학습과 관련해서 시청각 교수법은 눈과 귀의 참여를 높이면서 언어 학습에 필수적으로 따라붙는 암기에서 오는 부담을 줄이려고 노력한다. 공정하게 따져 보면 몇몇 새로운 학습법은 우리가 의사소통에서 극도로 중요한 면을 얻도록 도와준다. 바로 좋은 발음이다.

직접식 교수법으로 공부하는 용감한 언어 애호가도 프랑스어 동사 'concevoir'의 활용형이나 거의 안 쓰는 동사를 잘 안 쓰는 시제로 흠잡을 데 없이 재잘거리는 것이 실제 발음대로 말하는 것보다 더욱 중요하다고 생각했다. 바로 여기에서 이미지와 소리의 인상을 기초로 하는 '시청각 교수법'이 마법을 부릴 거라 예상됐고 실제로도 굉장히 좋은 결과를 이끌어냈다.

이 교수법의 큰 장점은 내용을 자주 반복한다는 점에 있다. 그리고 반복은 마치 갈이판에 칼날이 필요하고 내연기관에 연료가 필요하듯이 언어 학습에 꼭 필요한 요소임을 강조해야겠다. 이 원시적인 진리는 가솔린 엔진보다 먼저 발명되었다. 고대 로마인이 말했듯 "반복은 공부의 어머니다Repetitio est mater studiorum."

버릇없이 자란 아이에 맞춰주다 보니 학교 교육 방법은 가능한 한 많은 감각을 활용한다. 아이의 집중력 부담이 덜어지는 것은 사실이다. 19세기의 학교에서 문법 학습은 마지막을 고했다. 이제 우리는 언어의 규칙적인 패턴을 일부러 외우는 것이 중요하지도 않고 재미도 없다고 주장한다. 문법이나 패턴을 익히게 하려고 사람들 마음을 움직이려는 수고를 들일 가치도 없다. 이것이 '몰입' 교육법의 기초가 되는 원칙이다. 이 학습법이 편안함을 특히나 좋아하는 미국에서 태어난 것은 우연이 아니다. 이 학습법은 종종 외국어 패턴을 과도한 반복을 통해, 다시 말해 매일 몇 시간씩 반복 연습하며 이론적인 관계는 전혀 보여주지 않고 가르친다. 이 교육법의 추종자들은 생각이란 성공을 방해하는 죄악일 뿐이라 믿는다. 교육 과정 개발자는 자료를 기계적으로 흡수하지 않고 지적인 저항을 하는 학생을 이해하지 못한다.

그러나 프랑스어의 형용사와 명사의 일치와 같은 문법적인 규칙은 일부러 외워둬야 학습할 수 있다. 여성형은 보통 남성형 형용사에 '-e'가 붙는다. 그러나 "**le** parc, **le** champ, **le** jardin est **grand**(공원, 들판, 정원이 넓다)" 그리고 "**la** maison, **la** salle, **la** chambre est **grande**(집, 거실, 방이 넓다)"를 정말 여러 번

듣다 보면, 계속되는 반복 훈련 결과 저절로 성과 수를 올바르게 일치시키는 법을 알게 되며 두뇌 활동도 훨씬 덜 한다고 생각할 수 있다. 그러나 보통은 그 변화를 인지하지 못하므로 이런 '지적인 방식'으로는 지식을 쌓을 수가 없다.

현실에 안주하는 뇌는 의식적인 집중이 필요한 상황보다는 미지근한 비처럼 내리는 반복에 저항이 더 작다. 이것은 오늘날 텔레비전 화면 앞에 있는 젊은이에게 달라붙어 있는 문제라고 의심해본다. 이 놀라운 기술의 산물이 갖는 교육 파급 효과에 토를 다는 사람은 없다. 동네 사람과 집 안에 갇혀 지내는 사람에게 텔레비전 프로그램이 어떤 의미인가를 얘기하는 건 이 책의 임무가 아니다. 하지만 텔레비전이 젊은이에게서 뭘 읽을 시간을 빼앗아간다는 것은 부인할 수가 없다. 이미지는 글자보다 따라가기가 더 쉽다. 게으른 상상력은 정지된 사진보다 움직이는 사진에 더 빨리 반응한다. 그리고 소리가 나오는 움직이는 사진은 지적 에너지 투자를 가장 적게 요구한다. 우리는 최소한의 신체적 노력과 훨씬 적은 지적 노력을 비용으로 삼아서 경험을 얻는다. 젊은이들은 몇몇 영예로운 예외를 제외하고는 충분히 읽지 않는다.

책을 읽으며 자란 세대인 나도 영화, 라디오, 텔레비전의 효과를 이런 면에서 염려하고는 있지만, 기술의 발전이 언어 학습을 촉진하는 문화 확산에 어마어마한 도움을 주고 있다는 점은 인정해야 한다. 언어 학습의 주된 목적은 다양한 말을 쓰는 사람들 사이의 의사소통임은 아무리 강조해도 지나치지 않으며, 기술이 이것을 촉진시킬 수 있다. 예를 들어 상대의 말을 이해하고 자기 생각을 정확하게 표현하려면 라디오와 녹음기가 커다란 도움이 될 수 있다. 물론 이것은 시청각 교육법에 사용된 발명품이다.

우리는 이런 장치의 사용에 반대를 할 수가 없다. 기껏해야 걱정을 하는 정도일 것이다. '지혜에는 왕도가 없다'라는 말도 있듯 언어 학습의 문제가 이런 수단 덕에 전적으로 해결되지는 않으리라고 느낄 수도 있다.

* * *

잠깐 멈춰 서서 흔히들 하는 착각을 살펴보자. 사람들은 모어를 습득했던 것과 같은 방식으로 성인이 외국어를 배워야 한다고들 말한다. 나는 이 주장을 못 받아들이겠다. 어른을 어린아이의 지적인 틀에 끼워 넣는 것은 마치 난생 처음 입었던 잠옷에 어른의 몸을 끼워 넣는 것과 같다.

어린이의 특징 중 하나가 바로 아직 말하는 법을 배우지 못했다는 것이다. 유아라는 뜻의 영어 'infant'는 '말 못 하는'이라는 뜻의 라틴어 파생어 infans(부정어 in+말하다 for의 현재분사

fans)에서 유래한다.

아기는 말을 하기 시작할 때 주변의 사물과 그 이름에 동시에 익숙해진다. 앞에 펼쳐지는 바깥세상은 천천히 그리고 서서히 열린다. 아기는 근본적인 필요성(가장 강력한 동기)에 따라 말하는 법을 배우는 것이다. 자기 의사를 이해시켜야 욕구를 만족시킬 수 있다.

하지만 성인 언어 학습자는 풍부하고 지적이며 감성적인 세상을 전달하고자 한다. 게다가 언어적 형태인, 파블로프가 제2신호계라고 부르는 것이 이미 발달되어 있다. 이미 형성돼 있는 전체 신호 체계를 외국어에 맞게 바꾸기란 아주 두려울 수 있다.

더 정확히 말해보자. 교사인 내 친구는 제자들과 숨어서 화살십자당 테러를 간신히 피했다. 그들은 함께 해방을 경험했다.[2] 겨우 몇 주 사이에 열 살짜리 소녀는 같은 마당에 살았던 소련 장교와 즐겁게 재잘거리는 데 반해서 내 친구는 대화에 큰 어려움을 겪었다. "어린 에바에게는 쉬운 일이지." 스스로를 달랬다. "저 아이는 초등학교 4학년의 지식만 번역하면 되잖아. 하지만 나는 내 안에 있는 중학교와 대학교의 지식까지 일단

---

2   화살십자당은 헝가리에서 1944~1945년 동안 집권한 파쇼 조직으로 유대인 수천 명을 처형했다. 헝가리는 1945년 4월 소련군에 해방(및 점령)됐다.

번역을 해야 하는걸."

어린이와 어른은 능력이 서로 다르다. 어린이는 반사적이다. 어른은 논리적이다. 나는 얼마 전에 1학년생들의 시험에서 이 사소한 진실의 실제 예시를 보았다. 일곱 살짜리 신사 숙녀들은 15분 동안 다양한 시와 산문으로 된 본문을 암송했는데 아이들의 어린 머리에는 식은 죽 먹기였다. 하지만 교사가 시와 연관된 질문을 하면 아이들은 입을 완전히 닫았다. "소는 왜 가축이라고 할까요?" 결국에는 금발을 땋은 여자아이가 학급의 위신을 세워주었다. "야생 소가 아니니까요."

* * *

씁쓸하지만 한 번은 언급되어야 하는 교훈이 있다. 날마다 그리고 한 주도 안 거르고 집중적인 노력을 해야만 언어 학습에 쏟은 시간이 날아가 버리지 않는다.

진지한 사람은 일반화를 피하려는 경향이 있지만, 한 가지 주장은 여기서 적절해 보인다. 평균적인 언어 학습자는 일주일에 최소한 10~12시간의 학습이 필요하다. 만약 이만큼의 시간을 투자할 수 없거나 투자하기가 싫다면 언어 학습 계획을 다시 생각해봐야 한다. (흥미로운 의문점 하나는 예컨대 학습에 들이는 시간을 네 배로 한다면 오래 남을 지식을 얻는 기간이 4분의 1로 단축될 수 있느냐 하는 것이다.)

　물론 일주일에 10~12시간은 평균이다. 그래도 직업을 가진 성인의 언어 학습법을 살펴볼 때 이 평균점에서 시작을 해보자.

　오래되고 고전적인 방식으로 하루를 나눠보면 여덟 시간은 일을 하고, 여덟 시간은 쉬거나 여가를 즐기며, 여덟 시간은 잠을 잔다. 어떤 최면술사는 이 잠자는 여덟 시간을 언어 학습에 사용하려고 했다. 이 시도는 실패해 오래 못 갔다. 전문지식이 모자라므로 나는 점점 더 많은 인기를 끄는 이런 긴장 이완 공부 방식의 심리학적 근거가 무엇인지는 설명할 수가 없다. 부러울 만큼 아름다운 발음으로 녹음된 이 학습법의 자료 구성은 좋다고 생각한다. 다만 내가 중요하게 여기는 두 가지가 빠져 있다.

　하나는 흥미 유무다. 흥미의 영어 'interest'의 어원인 라틴어 'interesse'는 '안 또는 사이에 있음'을 뜻한다. 흥미는 바로 라디오와 텔레비전 퀴즈쇼의 비결이다. 시청자·청취자는 자연스럽게 그 게임에 끼어든다. 그들은 참가자와 함께 경쟁하고 자신의 지식을 테스트한다. 모든 성공적인 학습의 전제 조건 중 하나인 끊임없는 집중이 확보된다.

　사람들이 듣는 언어 학습용 테이프는 '이렇게 말해야 해요'라고 알려준다. 하지만 성인의 머릿속에는 어쩔 수 없이 이런 의문이 떠오를 것이다. '내가 왜 저렇게 말해야 하지?' 그리고 만약에 이 질문에 대한 해답을 스스로 노력해서 찾을 수 있다면 또 다른 성공적인 학습의 전제 조건인 성취감이 보장된다.

노력 없이는 발전도 없다. 그러나 노력에는 시간이 든다. 성인이, 일을 하는 사람이 어떻게 시간을 낼 수 있을까?

정답, 언어 학습을 일이나 여가와 연결시켜야 한다. 그리고 언어 학습이 일이나 여가를 희생시키는 게 아니라 보충하는 개념이어야 한다.

이 무슨 말도 안 되는 얘기란 말인가?

일을 먼저 생각해보자. 오늘날 우리가 하는 노동의 상당 부분은 지식을 보충하는 자기 개선에 있다. 외국어는 엔지니어, 보충 교사, 기술 노동자, 음악 강사, 내과 의사, 외국 무역상 등의 전문 지식을 확장시키는 데 굉장히 중요할 수 있다.

학습자가 반드시 깨달아야 할 사실은 언어에 대한 필요 자체가 똑같이 전문화될 수 있다는 것이다. 즉 언어 전체가 필요한 게 아니란 뜻이다.

내가 1956년에 일본어를 배우기 시작했을 때 헝가리에서는 일본어 교사도 강의 교재도 찾을 수가 없었다. 일본어를 배우려는 동기는 내가 대담하게(그러니까 경솔하게) 맡은 화학 특허 문서 번역 일이었다. 다행히도 다수의 화학식, 수치, 도표, 설명이 희망 한 줄기 없어 보였던 이 업무를 해결하는 데 도움이 되었다.

일단 내 손에 놓인 텍스트를 기반으로 해서 일본어가 어떤 종류의 언어인지 살펴봐야 했다. 그러니까 헝가리어처럼 접사를 쓰는 '교착어'인지, 독일어처럼 낱말을 활용하는 '굴절어'인지, 아니면 영어와 중국어처럼 '고립어'인지 파악해야 했다.

어찌어찌해서 사전 한 권은 구할 수 있었지만 기술 전문 사전이 아니었다. 어떤 경우든지, 기술적인 혹은 과학적인 텍스트를 읽어본 사람이라면 자기 자신이 사전보다 풍부한, 그리고 안타깝게도 유일하게 믿을 만한 전문 용어의 원천임을 알 것이다.

전문 지식은 기술 문서를 번역할 때 가장 좋은 사전보다 더 가치가 있다. 가령 화학 반응식의 한쪽에 산과 염기가 나란히 있다면 화학자는 머리를 쥐어짤 필요가 없다. 그 사람은 등호 표시 반대편에 올 단어(혹은 상형문자)가 소금 더하기 물임을 알 것이다.

나의 일본어 경험은 극단적인 경우였다. 모든 사람이 그런 식으로 언어를 조사할 인내심이나 시간은 없다는 것을 나도 인정한다. (사실 번역은 처음에는 달팽이 걸음처럼 천천히 기어갔지만 일주일이 지나고 감을 잡게 되면서 이 작업으로 매일 20~30포린트를 벌 수 있었다.) 하지만 어떤 언어를 어느 수준에서 배우든 전문 지식이 있어야 언어 학습의 문이 열리는 것은 마찬가지다.

* * *

상대적으로 짧은 기간 사이에 어떻게 그 많은 언어에서 성공을 거둘 수 있었느냐는 질문을 받을 때마다 나는 항상 모든 지식의 원천에 고개 숙여 영혼을 담은 인사를 올린다. 바로 책들이다. 결국 학습자에게 내가 주는 조언은 단 한 단어로 표현할 수 있다.

읽어라!

그래도 책에 담긴 내용을 읽기만 하는 것보다는 상대방과 관점을 주고받으며 실제 대화를 나누면 기억에 그 흔적이 더 오래 남는다.

하지만 실질적으로 관계란 것은 쉽게 만들어지지 않으며 유지하기도 만만하지 않다. 선생님 말고 또 누가 학생이 원할 때 더듬더듬 말하더라도 체념하고 (심지어 교정까지 해주면서) 견뎌줄 것인가? 외국인 지인이 항상 참아줄 것이라 기대하는가? 이미 공통의 언어로 의사소통을 할 수 있는데도?

내가 자주 주장하는 게 있는데 혼자 독백처럼 하는 것 외에 대화에 꼭 알맞은 상황이 하나 있다. 고국에 찾아오는 친척, 친구, 혹은 지인은 관광을 시켜주는 게 고마워서 외국어 연습을 도와줄 것이다. 게다가 그 사람은 실수를 지적하더라도, 어쩌면 요령 있게 할지도 모를 일이다.

그건 그렇고 비원어민의 부정확하고 잘못된 말을 얼마나 참아주느냐를 결정짓는 것은 개인적인 특성뿐만 아니라 국민성과도 연관 있는 듯하다. 냉철한 영국인은 전혀 신경 쓰지 않을 것이다. 그 사람은 이미 사는 곳과 사회 계급에 따라 자기네 동포들이 말을 다르게 하는 데 익숙해 있다. 미국 영어와 캐나다 영어, 전에 영국 식민지였던 곳에서 온 '결함 있는' 발음의 구직자의 영어는 말할 것도 없다.

프랑스 사람은 국민적인 옹졸함이 특징이다. 예의 바른 사람이라면 혼자 툴툴거릴 것이다. 교양 없는 사람이라면 찡그린 표정으로 반감을 드러낼 것이다. 내 생각에는 오만함이 그들을 공격적으로 만드는 것 같다. 한때 황제와 대사들 사이의 의사소통 수단이었던 프랑스어가 이제는 주머니 가벼운 관광객의 입에서 더듬더듬 흘러나오게 된 사실에 아직도 익숙해지지 않은 것이다.

나는 남들과의 언어 연습에서 또 다른 문제점도 보았다. 따분한 말동무는 외국어로 말할 때도 재미가 없다. 내가 일본에 갔을 때 얼마나 고생을 했는지 적은 적이 있는데 일본인들 모두가 나와 영어를 연습하려 하다 보니 내가 일본어로 한 질문에 아무리 일본어로 대답을 들으려고 해도 들을 수가 없었던 것이다. 결국에는 어떤 사람이 나를 안타까이 여기고는 이런 슬픈 처지를 이해해줄 사람으로 마쓰모토 씨를 추천했다. 나와 일본어로 대화하려고 오후에 기꺼이 짬을 내준 사람이었다.

　마쓰모토 씨는 알고 보니 불교 승려였다. 진심으로 일본어로 이야기를 나눌 준비가 된 사람이었지만 안타깝게도 그 사람의 유일한 얘깃거리는 불교였다. 특히 불교의 12개 종파 중에 11개 종파는 완전히 잘못된 시각을 갖고 있으며, 그가 따르는 종파만이 진실하다고 했다. 그 사람이 법화 사상의 유일하고도 올바른 해석이 무엇인지를 세 시간째 설명할 때 나는 자리를 뜨고 말았다.

책을 읽자!

책이 기존의 지식을 유지하고 새로운 지식을 얻기 위한 최고의 수단이라는 것은 나보다 앞서 있던 수많은 사람들이 이미 발견한 것이다. 이 잘 알려진 사실에 내가 덧붙이고 싶은 것은 오직 두 가지다. 첫째는 아주 초급 단계부터 학습 프로그램에 대담하게 읽기를 넣어야 한다는 것이고, 둘째는 적극적으로 읽어야 한다는 것이다. 언어 현상을 자주 만나야 언어의 구불구불한 역경의 길을 지나는 방법을 찾을 수 있다.

나는 라디오와 텔레비전에서 책은 아무 때나 볼 수 있고 반복해서 질문할 수 있고 잘라서 볼 수 있기 때문에 언어 학습 도구로는 감히 필적할 대상이 없다고 수차례 말한 바 있다.

헝가리 소설가 코스톨라니 데죄Kosztolányi Dezső는 단편 소설 한 편에서 책으로 언어를 배우는 것을 아름답게 묘사했다. 일부 내용은 이곳에 발췌할 만하다.

그 여름 나는 쉬고 공놀이하고 헤엄칠 생각만 했다. 그래서 일할 거리를 전혀 가져오지 않았다. 그러다가 마지막 순간에 포르투갈 책 한 권을 짐에 던져 넣었다.

……야외에서 어쩔 수 없이 책에 파묻혔고 한쪽은 백운석 바위가, 다른 쪽은 광활한 숲이 있는 하늘과 물 사이의 고독이라는 감옥 안에서 나는 글을 해독하기 시작했다. 처음에는 어려웠다. 그러다가 감이 잡혀왔다. 가르쳐주는 사람이나 사전 없이 끝까지 가보겠다고 굳게 다짐했다. 본능과 창의력을 북돋우고자, 이 책을 정확하게 이해하지 못하면 엄청난 문제가 닥칠 거라고, 혹은 알려지지 않은 폭군이 나타나서 나를 사형에 처할지도 모른다고 상상했다.

참으로 이상한 게임이었다. 첫 주, 나는 피땀을 흘렸다. 둘째 주, 책 내용을 감으로 알았다. 셋째 주, 새들에게 포르투갈어로 인사를 건넸고, 새들도 내게 쩍쩍거렸다…….

……내가 평생 가도록 이걸 사용할지 다른 포르투갈 책을 읽을 수나 있을지 굉장히 의심스럽다. 하지만 그건 중요하지 않다. 난 이 여름의 장애물 경기를 후회하지 않는다. 언어 자체보다는 실용적인 이유로 언어를 배우는 사람들을 생각해본다. 안다는 것은 지루하다. 유일하게 흥미로운 것은 배움이다.

……흥분되는 게임, 간들간들 시시덕대는 술래잡기 놀이, 인간 정신과의 경이로운 연애질. 우리는 잘 알지도 못하는 새로운 언

어로 그렇게 물 흐르듯 자연스럽게, 그리고 그렇게 날카로운 눈으로 읽지를 않는다. 우리는 그걸 통해 젊어지고 어린이가 되고 옹알거리는 아기가 되고 새로운 삶을 시작하게 되는 듯하다. 이것은 내 인생의 묘약이다.

……나중에 늙어서 중국어를 배운다면 지나간 어린 시절 예스럽고 신비로운 말 "엄마"를 처음 내뱉었을 때의 즐거운 기억을 떠올리고 "젖"을 말하며 잠들 걸 생각하면서 다소 들뜬 마음도 든다.[1]

서정적인 아름다움이 담긴 이 선언을 읽고 난 뒤에 나는 더욱 능률적인 언어의 수단은 존재할지라도 더욱 접근하기 쉽고 친절한 언어는 존재하지 않는다는 걸 말해야겠다.

책 한 권을 놓고 한 시간 동안 대화를 하려면 여러분이 해야 할 일은 가장 가까운 도서관으로 슬슬 걸어가는 것이다. 똑똑하고 다정하면서 인내심이 있는 말 상대를 찾는 일이 쉬웠더라면 난 책 대신 그걸 추천했을 것이다.

도서관은 최후의 수단으로만 말하겠다. 언어를 학습하려면 자기 책을 사는 쪽이 낫다. 자기 책은 밑줄, 물음표, 느낌표

---

1 단편소설 〈나는 포르투갈어로 읽는다(Portugálul olvasok)〉 중에서.

도 마음대로 덧붙일 수 있다. 손때를 묻히고 구석을 접기도 하고 요점만 뽑아내고 주석을 달면 책은 자신의 생각을 비추는 거울이 된다. 책의 빈 공간에는 뭘 쓸까? 여러분이 이해한 형태와 구절, 문맥에서 알아낸 것만을 적는다.

곧장 이해하지 못하는 내용은 무시하라. 어떤 단어가 중요하다면 여러 번 다시 나오고 결국에는 스스로를 설명할 것이다. 읽어가는 과정에서 모르는 게 아니라 아는 것에 기초를 두어라. 더 많이 읽을수록 책의 빈칸에 더 많은 구절을 적게 될 것이다. 여러분과 여러분이 얻은 지식 사이의 관계는 기계적으로 사전을 찾아가며 읽을 때보다 훨씬 더 깊어질 것이다. 성취감은 감성적이고 정서적인 감동을 제공할 것이다. 여러분은 자물쇠를 열었다. 작은 퍼즐을 풀어낸 것이다.

나의 학습법은 교사가 이끄는 학습을 보조하고 효과를 키우는 게 목적이지 교사를 대체하고자 하는 게 아님을 다시 한 번 강조하고 싶다.

부다페스트에서 옛날부터 있던 커피 농담이 여기에 적용될 것이다.

부다페스트의 커피는 장점이 있다: 커피 대용품이 없다

단점이 있다: 커피 원두가 없다

그리고 미스터리가 있다: 그런데 왜 검은색인가?

여러분은 이런 요소들을 교사 지도형 학습에서도 발견할 수가 있다.

확실한 장점: 신뢰가 가는 언어학적 정보와 정기적인 강의
단점: 불편함, (대체로) 느린 속도, 선택적 학습의 기회가 적음

나와 정신적 성향이 꼭 맞는 교사를 찾기란 대개 어렵다. 결혼이나 어른들의 다른 관계와 마찬가지로 운이 작용한다. 똑같은 수업이 활달한 기질의 학생에게는 따분하지만, 천천히 익히는 데 익숙한 학생에게는 압박감을 줄 수가 있다.

그러나 여러분의 성격에 잘 맞는 선생님을 어찌어찌 찾는다고 해도 오늘날 삶의 속도에서는 정기적으로 수업에 출석하기가 늘 쉬운 것은 아니다. 대도시에서는 오가는 시간이, 특히 오후 5시 이후에는 많이 소모된다. 이 시간대가 대개 강의를 들으러 가는 시간이다. 몇 년이고 강의만 듣는다면 돈도 많이 들 뿐더러 교육적인 효과도 거의 없다 보니 특히 곤란하다. 게다가 막대한 경제적 지출 외에도 전형적인 60분 강의에 집중력을 유지하는 게 어렵다는 점이 이런 학습의 단점이다.

다른 사람들과 함께 공부하면 남들이 워낙 앞서가서 여러분을 제쳐버린다거나, 남들이 너무 못 해서 여러분의 발목을 잡는 경우도 있다. 수업 시간에 교사가 아무리 노력해도, 거리낌

없고 활기찬 사람들은 수동적인 품성의 학생들의 '공기까지 다 빨아들여'버린다. 또한 학생 수가 많으면 선생님의 완벽한 말보다도 동료 학생들의 엉망인 발음을 더 많이 듣게 되는 특별한 위험도 있다.

세 명이 배우면 결과가 가장 좋은데, 학생들 사이에 노력을 하게 만드는 일종의 경쟁심이 생겨나기 때문이다. 또한 세 명의 모임은 격식이 필요하지 않아서 전형적인 외국어 수업에서 생기는 긴장과 인위성 없이 편안하게 배울 수가 있다.

마지막으로 아까 말한 유명한 블랙커피 농담으로 돌아가 보자. 고전적인 교사 주도형 학습법은 그 나름의 미스터리를 품고 있다. 문제는 개인적인 방식으로 그걸 어떻게 보충하느냐이다. 이 방법 중에 가장 중요한 독서를 다음 장에서 다뤄보겠다.

무엇을,
왜 읽어야 할까?

우리는 더 이상 지적인 노력이 덕성을 함양해줄 거라고 기대하지 않는다. 오늘날 언어를 공부하는 학생 대부분이 어쨌든 성격 형성의 나이대가 지나기도 했고. 하지만 언어 학습을 가로세로 낱말풀이 같은 여가 활동에 견줄 수 있는 지적인 스포츠라고 접근해본다면, 그러니까 능력의 평가와 확인이 이루어진다면, 거부감 없이 시작할 수 있을지도 모른다.

책을 읽어야 하는 이유는 가장 흥미로운 방식으로 지식을 제공해주는 게 바로 책이며, 즐거운 일을 추구하고 불쾌한 일을 피하는 것이 인간 본성의 기본적인 진리이기 때문이다. 전통적인 언어 학습 방식(하루 20~30개 단어를 억지로 외우고 교사가 가르치거나 교재에서 다루는 문법을 소화하는 일)은 의무감 충족에는 좋을지 몰라도 재밋거리는 거의 없다. 성공적이지도 못할 것이다.

"사람은 언어에서 문법을 배우지 문법에서 언어를 배우지 않는다Man lernt Grammatik aus der Sprache, nicht Sprache aus der Grammatik." 진실을 담은 이 독일어 문구는 19세기 말에 나왔다. 문법-번역식 교수법으로 '죽은 언어'를 공부하던 시점에 샤를 투생Charles Toussaint과 구스타프 랑겐샤이트Gustav Langenscheidt가 내세운 구호는 가히 혁명적으로 보였다. 그러나 오늘날에는 가장 믿을 만한 언어의 운반책(평범한 책들)이 강의 교재와 마찬가지로 여겨진다. 위의 슬로건에 덧붙여져야 할 유일한 내용은, 책은 문법을 가르칠 뿐만 아니라 어휘 습득의 가장 고통 없는 수단도 제공한다는 점이다.

이 책에 어휘를 다루는 장이 따로 있지만 그 문제는 여기서 건드리고 갈 만한 가치가 있다. 어린 시절의 자동적-기계적 기억력은 사라졌고 성인들 머릿속의 논리력은 언어 공부에 별 도움이 안 된다. 하지만 우리 생각을 표현하고 남들의 생각을 이해하려면 수천 개의 구문이 필요하다.

과연 몇 개나? '평균 어휘란 무엇인가'에 대한 방대한 글을 캐내는 건 배제하고 나는 여기서 대략의 숫자 하나를 제안하고자 한다. 헝가리의 포켓 사전은 보통 2~3만 개의 기본 단어(표제어)를 담고 있다. 나중에 나올 장('내가 언어를 공부하는 방법')에서 'B 수준'이라고 소개할 단계에서 우리는 보통 이 어휘의 50~60퍼센트를 사용한다.

이 수준에 올라온 사람 모두에게 질문을 하나 던지고 싶다.

이 상당한 어휘 중에 몇 퍼센트나 '적법하게' 익혔는가? 그러니까 사전에서 뜻을 찾아보거나 뜻에 대해 설명을 들었는가? 아마 별로 많지 않을 것이다. 여러분은 손가락 하나 까닥하지 않고 사전, 학습 교재, 선생님보다 더욱 편안한 수단을 통해 지금 이해하는 것의 대부분을 익혔다. 그 수단은 바로 책이다.

* * *

문법을 배우는 일은 어휘 습득만큼 성인의 머리를 괴롭히지는 않는다. 하지만 문법을 향한 반감은 과학 기술 습득과 활용에 치우친 젊은이들에게 여전히 공통적인 특성이다. 그렇지만 문법 지식 없이는 언어를 제대로 쓰는 법을 배울 수가 없다.

인간은 온갖 새로운 종류의 현상을 보면 그와 동시에 '왜?'라는 의문을 바로 떠올린다는 정신적 특징이 있다. 언어에서는 이유를 설명하는 것이 바로 규칙이다. 그것을 무시한다면 화학, 유전학, 결정학의 법칙을 무시하는 것과 같은 크나큰 죄악이나 다름없다.

우리는 해방이 되고 나서 처음 일을 맡은 러시아어 교사들과 같은 입장이 아니다. 엑시라는 이름의 용감한 아마추어는 1920년대에 헝가리로 이민을 왔다. 러시아어에 관심이 있는 사람들이 1945년 봄에 그를 기용했고, 소년은 'мльчик'이고 소녀는 'девочка'라는 것을 배웠다. 하지만 사람들이 왜 이 단어들이 목적격에서는 'мальчика'와 'девочку'가 되느냐고 묻자 한동안 머리를 쥐어짜더니 어깨를 으쓱하고는 이렇게 말했다. "맙소사, 이건 별거 아니고 그냥 러시아다운 거예요."

배운 사람의 사고방식은 언어적 사실을 자동적으로 습득하는 것에 만족하지 못한다. 다른 학문에서 그러하듯이 합당한 이유를 찾게 되는 것이다. 문제는 외국어 문법의 엉켜버린 실타래를 헤쳐 나가는 데 어떤 도구를 쓸 것이냐, 이다. 수세기 전이라면 이 질문에 확실한 대답을 받았을 것이다. 바로 라틴어다. 라틴어 의무 교육을 받으면 외국어 학습 사고방식의 틀이 생긴다.

슬프게도 헝가리어에서 국제 공통 어휘를 근절시키겠다고(그리고 그걸 갈아치울 다소 작위적인 낱말을 찾느라) 바쁜 사람들은 이를 알아차리지 못한다. 어쩌면 그들은 'dugaszolóaljzat' 대신 'konnektor'라고 말하는 사람에게 칼을 빼들려는지도 모르겠다.[1]

우리 눈을 사로잡는 언어의 대성당은 문법이나 어휘 없이는 지을 수가 없다. 문법을 싫어들 하는 것은 실제 사용법을 안 따지고 그 자체로만 가르치기 때문이다.

---

1 둘 다 헝가리어로 콘센트를 뜻하는데 후자는 플러그 소켓을 뜻하며 덜 쓰는 형태다.

＊＊＊

교차로에서 빨간 불에 멈추는 행동은 복잡한 생각의 연쇄 작용(내가 이 신호를 지키지 않으면 교통에 혼란을 야기할 테고 벌금을 받을 수도 있고 목숨이 위험해질 수도 있고 등등)으로 이어지는 것이 아니다. 반사적인 반응이 생겨나고, 거기에 따른 것이다. 습관이 생기면 적절한 행동이 자동으로 나온다(예외는 존재할 수 있고 또 실재함을 유념하기 바란다).

이 행동 패턴 패러다임은 잘 알려져 있고 다양한 용어로 통한다. 심리학에서는 이것을 '동적 고정관념dynamic stereotype'이라 부른다. 영국 언어학자들은 단순하게 '패턴'이라고 부른다. 나는 이것을 명확하고 구어체적으로 '구두골'이라고 부르겠다.

헝가리어 평서문을 어떻게 의문문으로 만들 수 있을까? 문장의 억양만 바꾸면 된다.

"Beszél angolul."　　→　　"Beszél angolul?"

"영어 할 수 있어."　　→　　"영어 할 수 있어?"

영어는 의미상 이런 중요한 변화를 특별한 조동사에게 맡긴다.

"He speaks English."　→　"Does he speak English?"

구두골은 의식적인 원칙에서 발달한다. 한번 만들어지면 그것을 새로 생겨나는 형태에 사용할 수 있다. 구두골 비유가 마음에 안 든다면 좀 더 시적인 '소리굽쇠'를 생각해도 좋을 것이다. 감히 말하건대 외국어를 하려고 입을 열 때마다 여기에 의지하게 된다. '마음의 귀'로 이것을 때리고 그 소리를 듣는다. 엉뚱한 소리가 나지 않는 한 말이 나올 것이다.

* * *

좋은 언어 학습법은 의지가 될 만한 패턴을 상대적으로 빨리 익히게 해주는 것이다. 그것을 내면화하는 전제 조건은 그 패턴이 자동으로 나올 때까지 가능하면 최대한 많이 정확한 형태를 마주하는 것이다. 정교화와 잦은 되풀이라는 두 가지 목적을 위해서 책은 최고의 수단이다. 책을 읽자.

책은 호주머니에 들어가는 크기가 가장 좋다. 필요 없으면 버리고 휘갈겨 낙서하고 낱장으로 찢어도 되고, 잃어버렸을 때는 다시 살 수 있다. 서류가방에서 꺼내서 간단한 식사를 하며 눈앞에 펼칠 수도 있고, 잠에서 깰 때 내용을 떠올렸다가 잠들기 전에 다시 한 번 훑어볼 수도 있다. 책과 만나기로 한 약속에 참석하지 못한다 해도 전화로 알릴 필요가 없다. 잠 못 이루는 밤에 잘 자던 책을 깨웠다고 책이 화를 내지도 않는다. 안에 담긴 메시지는 통째로 삼키거나 작게 씹어 먹을 수도 있다. 내용은 지적인 모험을 떠나라 유혹하고 모험 정신을 만족시켜준다. 독자는 책에 질려버릴 수 있지만 책은 독자에게 절대 질리지 않을 것이다.

책은 영원한 동반자다. 그 책보다 수준이 높아지면 그냥 집어던지고 새로 구하면 그만이다.

책은 비록 가장 효율적이지는 않을지라도 가장 단순하면서 접근이 쉬운 개인적인 '언어 미기후微氣候'를 만들어내는 수단이다.

난 아직 학술 문헌에서 언어 미기후라는 용어를 본 적이 없지만 워낙에 자명한 개념이라서 내가 아닌 다른 누군가가 만들어냈을 것이다. 언어 미기후란 우리가 사는 나라의 언어라는 대기후大氣候와 대조적으로 가정에서도 만들어낼 수 있는, 곧바로 우리를 둘러싼 언어 환경을 일컫는다. 헝가리 백작들의 성이나 어린이집에서 아이들을 돌보던 보모와 유모가 그 아이들 주변에 창조해놓은 작은 언어 영역이 바로 그것이다. 오늘날 좀 더 민주적인 수단으로 이걸 만들어낼 수 있다. 그러기 위해 필요한 것은 바로 책과 기분 나쁜 날에도 참는 법을 익혀야 하는 사람, 그러니까 여러분 자신이다.

그래서 나는 독백을 열광적으로 좋아한다. 만일 내가 혼잣말을 하더라도 대화 상대가 오랜 망설임, 틀리기 쉬운 문법, 모국어와 심하게 차이 나는 어휘력 때문에 분노하지 않으니 안도감이 든다. 내가 제안하는 것이라고는 독백에 소리가 없어야 한다는 점뿐이다. 그래야만 스스로 나쁜 발음을 익히지 않고 행인들이 '취해서 혀가 제멋대로 돌아가는구나' 하고 생각하지 않기 때문이다. 약간의 의지만 있다면 스스로 경험한 것을 가지고 혼자 외국어로 이야기하는 습관을 기를 수도 있다.

얼마 전 나는 안달루시아에서 두어 주 머물렀다. 혼자였다. 사람들을 만나봤지만 현지인과는 거의 아무런 연결점이 없었다. 사실 현지인이 쓰는 사투리가 멋이 없어서 내 발음이 망가질까 봐 두렵기도 했다. 결과적으로 스페인어는 내게 광고, 안내판, 가게 창문으로 보이는 책 제목, 성당 강론, 영화로만 다가왔다. 이러한 공허함 속에서 나는 조용히 스페인어로 독백을 하는 데 익숙해졌다. 집에 오는 길에는 워낙 몰입을 하다 보니 그다음 날 시작하는 회의에서 사용해야 하는 영어로 다시 돌아오기가 엄청나게 힘들었다.

언어적 미기후가 언어적 대기후에 비해서 더욱 중요하다는 사실은 우리의 앞선 동포 이민자들이 증명했다. 그들은 어느 나라든 관계없이 10~15년 세월 동안 살았어도 외국어를 제대로 익힐 수가 없었는데 그들은 스스로와 자식, 브리지 게임 파트너, 심지어 동업자 둘레에도 헝가리어의 장벽을 쌓았기 때문이다.

그리고 우리가 아는 그 반대 상황과 관련된 안타까운 예시는 또 얼마나 많은가! 몇 년 동안 자기 모어로 말 한마디 하지 않은 채 모어 지식을 간직할 사람이 얼마나 있으랴? 나는 그 일이 오직 내면의 독백을 통해서만 이루어질 수 있다고 믿는다. 그래서 이 연습법을 내 동료 언어 학습자들에게 진심으로 권한다.

외국이라는 환경에서 알렉산데르 레나르드[2]만큼 모어를 끝까지 사랑했던 아름다운 사람은 없을 것이다. 그는 여덟 살에 헝가리를 떠나 수십 년 동안 헝가리어라고는 들어본 이도 없을 법한 브라질 오지에 살았지만 모라 페렌츠[3]의 아름다운 문체에 견줄 만큼 완벽한 헝가리어로 훌륭한 책을 썼다. 물어본 적은 없지만 레나르드의 헝가리어 읽기 실력은 작문 교사가 될 수 있을 만큼의 수준에서 무의식적으로 마음속 독백을 하면서 보충이 되었으리라고 나는 확신한다.

책 이야기로 돌아와서, 나는 이런 의문이 든다. 우리는 무

---

2 Alexander Lenard. 본명은 레나르드 샨도르(Lénárd Sándor). 헝가리 작가, 시인, 번역가, 의사, 음악가. 1951년부터 죽을 때까지 브라질에서 살았다.
3 Móra Ferenc. 아동 소설《보물 찾는 조끼(Kincskereső kisködmön)》로 가장 잘 알려진 20세기 헝가리 작가.

엇을 읽어야 할까? 정답, 저마다 흥미나 관심이 있는 내용의 텍스트. 독일에는 이런 말이 있다. 흥미는 사랑보다 강하다Interesse ist stärker als Liebe. 그리고 흥미는 가장 무서운 적을 물리친다. 바로 지루함을 말이다.

어휘력이 모자라는 상태로 외국어를 읽으면 따분할 수 있다는 걸 인정해야 한다. 5분, 10분, 20분이 지나면 계속 읽겠다는 동기가 강하지 않은 이상 오도 가도 못 하는 기분이 들지도 모른다. 그 시간을 지나가려면 우리를 도와줄 무언가가 더 필요하다.

앞으로 나아갈 수 있도록 정말로 흥미로운 텍스트가 끌어당겨줘야 한다. 흥미 있는 분야는 연령, 지적 수준, 직업군, 취미에 따라 저마다 달라진다.

이렇게 오도 가도 못 하는 상태를 겪었다면 거기서 빠져나가는 데 무엇이 도움이 되었는지 나의 학습법을 따르는 열 사람에게 일부러 물어본 적이 있다. 그 응답을 받은 순서와 형태 그대로 여기에 적어놓고자 한다.

연금 수급자: "카탈로그. 내 우표들을 정리할 수 있어서요."
고등학생, 스포츠란 독자: "외국 축구팀이 어떤 매치를 준비 중인지 모른다면 쪽팔리잖아요."
타이프라이터 수리공, 기술 설명서 독자: "아시다시피 나는 기술 장치를 발명합니다. 특허 출원을 하기 전에 이게 미지의 땅을 발견한 것과 같은 일인지 확실히 해놓아야겠죠."

미용사: "나는 그레고리 펙Gregory Peck과 여러 스타를 다루는 모든 글을 읽어요."

할머니: "아 글쎄, 요즘 연애 소설엔 별별 얘기가 다 나오데!"

연방 부처의 부서장: "난 추리 소설이 좋아요. 살인자가 누구인지 알기 전까지는 멈출 수가 없습니다!"

인쇄업자: "내가 휘파람으로 부는 노래의 가사를 배우고 싶었어요."

남성복 매장 보조: "다이애나 왕세자비에 관한 글로 시작했어요. 특별히 좋아하는 분야는……."

5년차 구급 요원, 의료 서적 독자: "신경 생리학에 대해 알고 싶거든요."

쇼윈도 장식 담당자, 패션 잡지 독자: "패션 잡지에 실린 멋진 옷을 계속 쳐다보는데, 그 밑에 뭐라고 적힌 건지 모르겠더군요."

남자 지인 여럿은 정치에 관한 관심이 교착 상태를 이겨내는 데 도움이 되었다고 한다. 행간을 읽는 것은 전형적인 헝가리인의 특성이다. 내 생각에 우리 조상들은 에텔쾨즈Etelköz 서약[4]에 그 잉크(아 참, 피였지)가 마르기도 전에 머리를 맞대고 이렇게 말했을 것이다. "그래, 좋아요. 근데 여기 행간에는 무슨 뜻이 있을까요?"

독서를 통해서 호기심이 채워질수록 교착 상태를 뚫고 나갈 단련법을 갈고닦을 필요는 없어진다.

우리는 한 번 넘어졌다고 자전거를 벽에 기대어 세워두지 않고, 눈밭 위에서 한 번 넘어졌다고 스키를 부러뜨리지 않는다. 비록 고통스러운 멍 때문에 그 기억이 오랫동안 남아 있겠지만 말이다. 이러한 고난이 점점 줄어들고 새로 익히는 기술이 주는 즐거움은 점점 더 커질 것을 알기 때문에 계속 해나가는 것이다. 비록 그것이 힘을 주어야 문이 열리는, 그런 새로운 세상과는 전혀 관계가 없다고 해도 말이다.

말하기 기술은 요즘의 희곡이라든가, 리듬이 좋고 다채로운 현대 단편소설과 장편소설을 읽으면서 가장 많이 는다. 소위 말하는 '상황적 요소'는 이야기의 배경으로 짜여 있기 때문에 기억 속에 그 배경과 함께 몰래 들어온다. 이것은 거기 묘사된 것과 같은 상황에 놓이면 떠오르는 문맥이 될 것이다. '상황적' 텍스트의 장점은 쓸 만한 어휘와 문장 패턴을 제공해준다는 것이다. 단점은 이해하기가 상당히 어렵다는 점이다.

---

4   오늘날 우크라이나 혹은 러시아 남부로 짐작되는 에텔쾨즈에서 9세기에 초기 헝가리 부족장 일곱 명이 맺었다는 피의 서약. 부족들은 나중에 오늘날의 헝가리가 자리 잡은 판노니아 평원에 정착한다.

외국어를 배우려고 도전하는 사람이라면 하나가 아니라 최소한 두 가지 형태를 이해해야 한다. 바로 문어체와 구어체이다. 나의 학습법을 선택한 평균적인 언어 학습자라면 후자보다는 전자를 좀 더 쉽게 따라갈 것이다.

책에는 묘사를 하는 부분이 있다. 거기에서 작가는 스스로를 인용하며, 직업적으로 훌륭한 문장가이기 때문에 보여줄 수 있는 멋지고 규칙적인 형태의 문장을 나열한다. 또 교사는 명확하고 정확하게 말을 해야 하는 교육자다. 안타깝게도 이 모든 것은 생활 속의 실제 상황과는 전혀 상관이 없다. 혹은 늘 관계가 있는 것은 아니다.

친애하는 외국어 학습자 여러분, 평소에 별로 신경 쓰지 않던 모국어가 어떻게 들리는지 한번 주의를 기울여보라. 글자를 생략하고 끝을 잘라먹고 단어들 사이를 미끄러지듯 넘어간다. 조지 버나드 쇼는 스스로 영어를 서로 다른 세 가지 언어로 말한다고 이야기한 적이 있다. 하나는 자기 희곡에서, 하나는 일상생활에서, 또 하나는 친근한 관계에서 쓴다고 말이다. 모든 언어에 존재하는 이런 계층화는 영어에서 가장 도드라지는데 이는 영어가 두 가지 큰 어군語群의 교차로에 위치하기 때문이다. 바로 게르만어와 로망스어다. 그래서 영어에는 다수의 앵글로색슨(게르만) 및 노르만(프랑스) 용어 쌍이 있다.

영어는 농장의 동물을 가리키는 단어와 그에 대응하는 고기를 부르는 단어가 한 켤레처럼 있다는 사실이 자주 인용된다. 살아 있는 동물은 게르만어 어원의 낱말로 표현된다. 예컨대 송아지calf, 돼지swine, 황소ox는 독일어로 각각 Kalb, Schwein, Ochse에 해당되는데 그 동물을 지키던 하인이 바로 정복당한 앵글로색슨족이었기 때문이다. 고기의 이름은 로망스어 어원으로 송아지고기(veal, 프랑스어 veau=송아지), 돼지고기(pork, 프랑스어 porc=돼지), 소고기(beef, 프랑스어 boeuf=소)로 나타나며 그 고기를 즐겼던 사람이 정복자인 노르만 주인이었기 때문이다.

학식이 높은 외국인의 말은 이해하기가 더 쉽다고 흔히 알려져 있다. 그러나 독일어를 잘하고 프랑스어는 전혀 못하는 내지인 중 하나는 런던에 갔다가 정반대되는 경험을 하고 깜짝 놀랐다. 박식한 동료의 말보다는 길모퉁이에서 만난 경찰이 알려주는 정보가 훨씬 더 알아듣기 좋았던 것이다. 그 지인은 언어를 학습하고자 성공회 성당에 찾아가서 강론을 듣기도 했다. (나라면 이런 오래된 수법을 절대 빼먹지 않을 것이다. 언어를 공부하면서 그와 동시에 관광으로 물집 잡힌 발을 쉬게 해줄 수 있다.) 음, 이 친구는 런던에서 들은 강론을 단 한마디도 이해할 수가 없어서 절망하고 있었다.

친구는 호기심이 들어서 미사 후에 나눠주는 강론 내용 유인물을 집으로 가져왔다. 우리는 그 글을 면밀히 살펴보았고 사제가 거의 항상 노르만어(프랑스어) 어원의 단어를 선택한 것을 발견했다. 우리는 즐거운 마음으로 그 영어 텍스트에서 모든 노르만어를 그에 대응하는 게르만어로 바꾸었다. (이를테면 'commence'를 'begin'으로.)

행동의 배경을 묘사하는 설명적인 단어에서는 계층화가 덜 나타난다. 영어는 훨씬 더 균질적이다. 예를 들어 구어에서는 공손함의 단계가 다양하지 않다. 친애하는dearest, 실례를 무릅쓰고taking the liberty of, 영광스럽게도having the honor of와 같은 과도하게 공손한 표현의 사용이 줄어드는 것은 우리 시대의 산뜻한 성취다. 반면에 헝가리어에서 'tessék'⁵를 덜 쓰기 시작한 것은 유감스럽다. 그 원래의 뜻이 언어 심리학적 관점에서 볼 때 상냥한 말이기 때문에 더 아쉽다. (목마른 여행자에게 포도주 한 잔을 권하는 방식 중에 유일하게 이보다 더 다정한 것은 트란실바니아의 szeresse!⁶ 뿐일 것이다.)

입말을 담아 놓은 소중한 '사전'으로는 요즘의 희곡이나 소설 속 대화문을 사용할 수 있다. 고전 작품은 이런 목적에는 걸맞지 않다. 나는 헝가리 작가 요커이 모르Jókai Mór를 많이 읽

---

5 글자 그대로는 '마음에 드시기를'의 뜻인데, 죄송하지만, 실례지만, (물건 따위를 건네주며) 자, 여기 있습니다, 많이 드세요, 들어오세요, 예? 뭐라고요? 등과 같은 뜻으로 쓰인다.

6 '사랑하시기를!'

은 젊은 독일인 친구에게 새 룸메이트가 마음에 드는지 물었다. "훤칠한데, 거만해Délceg, de kevély."[7]라는 대답을 들었다.

어째서 어떤 단어는 20년쯤 흐르면 웃겨지지만 어떤 언어는 변함이 없는 걸까? 우리는 그 까닭을 모른다. 또 언어 개혁[8] 시대의 어떤 말은 받아들이고 어떤 말은 거부한다. 우리는 zongora[9]와 iroda[10]는 아무런 거부감 없이 사용하지만 어째서 tetszice[11]와 gondolygász[12]가 제안됐는지는 이제 알지도 못한다.

부가트 팔Bugát Pál이 내놓은 kórtan[13]은 제대로 된 단어가 되었지만 éptan[14]은 그렇지 못했다. rekeszizom[15]은 diafragma

7 고상하고 예스러운 헝가리어 표현.
8 18세기 후반과 19세기 초반의 사회 운동으로 당시 대략 1만 개의 헝가리어 낱말이 새로 만들어져 아직도 대부분 쓰이며 이에 따라 헝가리어가 시대 발전에 걸맞은 언어로서 공용어가 되었다.
9 '울리다'라는 뜻의 zeng에서 만들어져 피아노를 뜻함.
10 '쓰다'라는 단어 ír에서 만들어져 사무실을 뜻함.
11 '마음에 들다'라는 뜻인 tetszik에서 만들어져 미학을 뜻했으나, 오늘날은 esztétika를 씀.
12 생각하다 gondol와 직업 지칭 접미사인 -ász에서 만들어져 철학자를 뜻했으나, 오늘날은 filozófus나 bölcselő를 씀.
13 병리학을 뜻하며 지금도 씀.
14 건강한, 온전한이라는 뜻의 ép 및 학문, 학설이라는 뜻의 tan에서 만들어져 위생학을 뜻했으나 오늘날은 egészségtan(egészség=건강/위생+tan)을 씀.
15 횡격막을 뜻하며 지금도 씀.

대신 받아들였으나 gerj[16]는 안 쓰고 fogondzat[17]는 magzat[18]로 갈아 치웠다. Habent sua fata verba, 낱말도 그것만의 운명이 따로 있다.

＊＊

어학 교재와 요즘 유명한 상용 회화 책에조차 종종 부자연스러운 표현이 나오기 때문에 현대의 문학 작품과 비교할 때, 살아 있는 말의 출처로 신뢰가 가지 않는다. 최근에 여행용 사전을 훑어보았는데(헝가리에서 출간된 건 아니었다) 요즘의 생활 문맥에서 배우라고 나온 대화 장면을 상상하자니 웃지 않을 수가 없었다. "저는 당신의 나라에서 역사적으로 흥미로운 장소와 중요한 농업 생산물이 뭔지 알고 싶습니다."

실제 대화는 다음과 같이 이루어질 가능성이 매우 높다.

"야, 목 칼칼한데 시원한 거 없을까?"

"어? 천천히 말해줘. 무슨 말인지 모르겠어. 칼칼, 뭐?"

---

16 불타오르다=gerjed에서 만들어져 '격분'을 뜻했으나 오늘날은 indulat를 씀.

17 배다라는 뜻의 fog에서 만들어져 '배아, 태아'를 뜻했음.

18 씨라는 뜻의 mag와 관계있고 오늘날 '배아, 태아'를 뜻함.

"시원한 거."

"그게 뭐야? 커피 같은 거?"

"그렇지."

"미안, 난 안 돼. 나는 저기에 가야만 해. 저기, 그러니까 음, 어…… 이거 뭐라고 해?"

"박물관에 가야 된다고? 그래. 다음에 보자."

나도 "저기," "야," "있잖아," "뭔가"와 같은 단어를 어학 교재에서 가르칠 수가 없고 교사 역시 이런 단어 사용을 권할 수 없다는 점을 인정한다. 하지만 일상의 대화에서는 이런 단어가 예절 바른 '사전 속 단어들'보다 훨씬 자주 등장한다. 이제 다시 나의 연단으로 돌아가서 얘기하겠다. 그런 단어를 직접 사용하면서 자연스럽게 익히기 전까지는 이런 구어적 표현은 요즘의 산문을 통해서 가장 고통 없는 방식으로 배울 수 있다.

어떻게
읽어야 할까?

처음에는 얄팍한 수준으로 즐겁게 읽어야 한다. 나중에는 늘 틀렸을지 모른다는 마음으로 꼼꼼히 읽어야 한다.

이것은 특히 기술자 같은 마음가짐을 지닌 남학생들에게 강조하고 싶은 부분이다. 남자들이 두꺼운 사전을 무기 삼아서 가장 쉬운 싸구려 통속 소설을 읽는 것을 자주 본다. 책에서 모르는 낱말이 나오면 사전에서 곧바로 찾아본다. 그러면 읽기가 어느새 싫증이 나고, 뉴스 시간이 되어 텔레비전을 켤 때 안도의 한숨까지 내쉰다.

성실함은 물론 훌륭한 덕목이지만 언어 학습 시작 단계에서 보면 엔진이라기보다는 브레이크다. 모든 낱말을 사전에서 찾아보는 일은 별 값어치가 없다. 형사가 살인자를 바라보는 장소가 야생 자두나무 뒤인지 산사나무 뒤인지를 모르는 것보다 그렇게 방해를 받아서 책의 풍미가 없어지는 것이 훨씬 더 큰 문제다.

중요한 단어라면 뒤에 다시 나올 테고, 문맥에서 의미가 명확해질 것이다. 이렇게 생각을 함으로써 습득하는 단어는 기계적으로 사전을 찾아서 낱말 뜻을 멍하니 인식하는 것보다 훨씬 더 오래 남는 것 같다. 이렇게 단어를 이해할 경우, 그 관계를 만들어내는 데 기여한 것도 당신이고 정답을 찾아낸 것도 당신이다. 이러한 즐거움은 가로세로 낱말 퍼즐을 완성하는 것과도 같다.

성취감을 얻으면 공부가 더욱 즐거워지고 노력의 지루함도 견딜 만해진다. 게다가 별 재미없는 텍스트에도 세상에서 가장 흥미진진한 것을 덧붙여준다. 그게 뭔지 궁금한가? 바로 우리 자신이다.

단어를 주워 모은 것도 바로 나 자신이고 문장의 의미를 해독한 것도 바로 나 자신이다. 잠재의식 속에서 스스로를 인정하고 남몰래 자축해도 좋다. 노력의 보상을 받았으니 당장 또 다른 활동을 하겠다는 동기가 생긴다.

초창기의 의욕은 외국어 읽기를 시작하는 좋은 방법임이 증명되었는데, 그 이유는 인간이 하는 다른 활동에서처럼 읽기가 습관이 될 수 있기 때문이다. 중요한 것은 외국어 텍스트라는 불친절한 수단 때문에 용기를 잃지 않는 것이다.

차가운 호수에 몸을 담갔을 때 가벼운 오한이 들지 않는 사람이 누가 있을까? 햇빛 비치는 모래사장으로 다시 올라가고 싶은 욕구가 생기지 않는 사람이 누가 있을까? 그리고 그런 유혹을 이겨내고 1~2분이 지나서 차가운 물에 익숙해진 뒤의 행복감을 느껴본 적 없는 사람이 과연 있을까? 재미있는 외국어 텍스트는 '헤엄치는 사람'이 최초의 불쾌감과 읽기의 좌절감을 극복하도록 도와야 한다.

엔진이 제대로 돌아갈수록 브레이크를 밟는 법도 배워야 하는 법이다. 텍스트를 열심히 읽고 그 내용이 무엇인지 잘 이해했다는 들뜬 기분으로 책을 내려놓았을 때 문학은 학습의 원재료가 되어야 한다.

내가 알기로 코스톨라니의 〈나는 포르투갈어로 읽는다〉 외에 언어 학습을 다루는 헝가리 문학 작품이 하나 더 있다. 바로 믹사트 칼만이 쓴 〈암양 역시Aussi Brebis〉(프랑스어 제목)이다. 이 이야기의 주인공은 아들들을 가르칠 프랑스어 가정교사를 고용한다. 십대 소년들은 온갖 방법을 동원해서 이 여교사를 피하고 땡땡이를 치려다가 교사가 프랑스어를 못한다는 핑계를 만들어낸다. 그리고 가정교사의 무지를 잡아내기만 하면 프랑스어를 배우지 않아도 된다는 약속을 아버지에게 받아낸다. 아이들은 교사가 모르는 것을 찾으려고 계속 사전과 문법책을 뒤지게 되고 그러다가 시나브로 프랑스어를 익혀버리고 만다.

우리도 이 두 번째 단계에서 교활한 마음을 갖고 의심을 품어보자. 단어와 문장이 작가가 혹시라도 규칙을 어기는지 확인할 시금석이라고 생각하자.

나는 그 결과를 미리 예측할 수가 있다. 외국어를 공부하는 사람들보다 앙드레 모루아André Maurois는 프랑스어를, 베라 파노바Вера Панова는 러시아어를, 테일러 콜드웰Taylor Caldwell은 영어를 더 잘할 것이다. 학습자들은 이 싸움에서 우세하지 않지만 결국은 이길 수 있다. 지식이 깊어지고 탄탄해질 것이다. 그건 그렇고 어쩌다 보니 이 세 작가를 제대로 얘기하지 못했다. 이들의 유창하고 자연스러운 문체는 준비 운동에 꼭 알맞다.

축약본이 아닌 원전 읽기의 여정을 떠나려는 용감한 이들에게는 각색된 텍스트를 읽으라고 진심으로 권하고 싶다. 세계 고전 문학은 언어 학습을 목적으로 단어를 줄여서 더욱 간단한 문장으로 다시 쓰였다. 이런 책은 온갖 책방에서 구할 수가 있고 도서관에서 공짜로 빌릴 수도 있는데, 빌려 읽는 것은 권하지 않는다. 어학 교재는 원래 뭔가를 끼적이며 봐야 한다. 너무 많이 봐서 책이 갈라지면 다시 사라.

글 한 편에 담긴 언어는 드넓은 바다의 물 한 방울 정도이다. 텍스트를 위아래로 뒤집어엎어 보고 안팎을 까뒤집어 볼 인내심이 있다면 그 글을 조각조각 냈다가 다시 합쳐보라. 힘차게 흔들었다가 앙금이 가라앉게 놔두라. 그러면 거기서 더욱 많은 양을 배울 수 있다.

코슈트 러요시[1]의 연설은 20세기 영어 수사법 책에 예시로 나온다. 그는 영어를 오스트리아 감옥에서 배운 사람인데, 셰익스피어 희곡 16줄을 영어 공부의 시작점으로 삼았다. "나는 그 글에서 영어 문법을 말 그대로 추측해야만 했다. 그걸 해내고 그 16줄을 완벽하게 이해하고 나니 영어를 충분히 알게 되어서 어휘만 늘리면 됐다."

---

1 Kossuth Lajos. 19세기 헝가리의 정치인이자 자유를 위해 싸운 투사.

읽기와 발음

언어 지식은 상대를 이해하고 자신을 이해시키는 일로 구성된다. 언어 학습의 목표는 듣기·말하기 및 읽기·쓰기 영역 모두에서 이 두 가지 능력을 획득하는 것이다.

텍스트와 말의 의미를 파악하는 것은 분석적인 과정이다. 말이나 글에 담긴 메시지로 의사소통을 하는 일은 종합적인 활동이다. 듣기, 말하기, 읽기, 쓰기라는 네 가지 기능 중 하나라도 소홀히 하면 목표의 일부만을 달성하는 셈이다. 그러나 실제로 한두 가지는 얼렁뚱땅 넘어갈 수밖에 없다. 보통은 원칙의 문제가 아니라 시간이 모자라는 탓이다.

듣기·말하기 및 읽기·쓰기는 서로 연결되어 각각의 실력을 높이지만 경험상 입증되었다시피 완전히 통달하지 못하더라도 어쨌든 쓸모 있다. 내가 로마에서 만난 호텔 프런트 직원은 일곱 개 언어를 완벽하게 발음하며(헝가리어까지도) 흥정을 했는데 그

가운데 단 한 언어도 제대로 구사하지 못했다(심지어 이탈리아어조차). 반면에 우리에게 번역의 영원한 가치를 보여준 헝가리 시인 어러니 야노슈Arany János와 페퇴피 샨도르는 영어 발음을 전혀 몰랐다. 예컨대 어러니가 지은 〈웨일스의 음유시인A walesi bárdok〉에서 'Mayor'는 [메이어] 대신 [마요르]로 읽도록 'major'로 표기됐다.

슬프도다, 책은 정확한 발음을 가르쳐줄 수 없다니. 두어 해 전에 나는 런던 공항에서 좋은 일화를 들은 적이 있다. 출입국 관리관은 어느 인도 학생의 여권을 엄지로 넘기고 있었다. "여행 목적, 공부." 학생이 크게 말했다. "무슨 공부죠?" 직원이 물었다. "라브." 아마 'law(법)'를 글자로만 익혔을 학생은 그 단어를 'love(사랑)'처럼 발음했다. 관리관은 영국인 특유의 침착함으로 눈꺼풀 하나 깜짝 하지 않고 검문소에서 그 승객을 통과시켜주면서 혼잣말로 중얼거렸다. "사랑은 세계 어디나 다 거기서 거기인데. 별 차이도 없는 걸 배우겠다고 이역만리를 날아오다니."

발음은 언어 학습에서 특히나 어려운 영역이며 언어 통달에 매우 중요한 기준점이다. 발음은 어휘와 문법 지식이 상당하지 않다면 별다른 값어치가 없을지라도 처음 입을 열 때는 지식 판단의 기준이 된다. 이것은 외모와 비슷하다. 첫 선을 보일 때는 예쁜 외모가 정답이다. 나중에 알고 보니 멍청하고 따분하고 심지어 못된 성격일지라도 어쨌거나 첫 싸움은 이긴 것이다.

발음은 문법이나 어휘보다 가르친 역사가 짧다. 현재 사용하는 언어를 가르치기 시작한 이후부터 정말 중요해졌을 뿐이다. 하지만 이 짧은 시간만으로도 세상에 몇 가지 망상이 퍼지기에는 충분했다. 이제 그것들을 하나씩 알아보자.

발음이 좋아지려면 타고난 귀가 필요하다지만 보통 말하는 그런 뜻, 즉 음악에서 말하는 귀와는 다르다. 나는 수많은 뛰어난 헝가리 뮤지션을 증인으로 내세울 수도 있다. 어휘력이 풍부하고 외국어를 유창하게 말하지만 헝가리어 억양이 강한 사람들이다. 나는 외국어 발음을 익히는 데 필요한 이 기술을 '청각적 직관력'이라고 부르고 싶다. 귀로 모국어와 다른 소리를 인지하고 뇌로 그것을 구분할 수 있어야 한다.

좋은 발음을 익히려면 듣기만 해도 된다는 망상도 있다. 하지만 텔레비전에서 피겨 스케이트 세계 챔피언들을 열심히 보면 이튿날 아이스링크에서 트리플 루프나 더블 악셀을 해낼 수 있으리라 생각하는 편이 차라리 나을 것이다.

챔피언과 트레이너들은 한 단계, 한 단계씩 절대 멈추지 않고 천 가지는 될 세세한 부분까지 헌신적인 노력으로 완벽을 향해 다가간다. 평균적인 언어 학습자는 언어 올림피아드에 나갈 생각이 전혀 없다는 것을 나는 잘 안다. 하지만 노래를 배우는 사람은 누구나 오랜 시간, 수년 동안 음계를 연습하는 걸 당연하게 생각한다. 좋은 발음으로 향하는 길 역시 음계 연습이 필요한데 이를 '반복 학습drill'이라고 부른다.

아기의 옹알이는 그 부모한테나 천상의 음악이다. 아기는 부지런하게 음계를 연습하는 것이다. 아기는 주변에서 흘러들어오는 소리를 만들어내려고 끊임없이 노력한다. 성인 외국어 학습자들과는 달리 아기들에게는 두 가지 이점이 있다. 이 활동을 하면서 또 다른 소리 세트를 잊어버릴 필요가 없고, 글자부터 시작하지 않는다는 것이다. 이와 달리 어른은 이미 글자와 소리가 함께 몸에 배어 있다.

부다페스트의 부더에는 1학년부터 프랑스어를 가르치는 초등학교가 있었다. 아들이 거기에 다녀 수업에 참관한 적이 있다. 아이들은 숫자 4를 뜻하는 'quatre'를 [카트]처럼 아주 완벽하게 발음을 해서 나는 부러움의 깊은 한숨을 내쉬었다. 나와 공감하던 같은 반 엄마는 뒤에서 이렇게 말했다. "아이들이 '카트르'라고 말하지 않는 건 그 말에 'r'이라는 글자가 들어간다는 걸 몰라서죠."

이 사례에서 우리는 먼저 낱말의 소리를 듣고 나중에 글자를 봐야 한다는 결론을 낼 수 있을까? 미안하지만 그건 아니다. 이론적인 이유에서가 아니라 실용적인 이유에서다. 한 단어의 발음을 한두 번 듣고 발음을 실수하지 않게 되더라도, 장기적인 어휘 학습법이 되기는 힘들다. 언어를 배우는 이의 가장 큰 공공의 적인 망각 때문이다.

반복을 통해서 망각과 싸워야 한다. 반복의 전제 조건은 암기할 문구가 그 언어 화자에게 흔히 쓰여야 한다는 점이다. 그러나 이것은 그 외국어 환경의 한가운데 있다고 해서 언제나 보장되는 것이 아니며 수천 킬로미터 떨어진 곳에서는 말할 것도 없다!

이미 여러 번 썼지만 다시 한 번 강조를 해야겠다. (그리고 이게 마지막이라는 약속도 감히 할 수가 없다.) 무제한적인 반복을 제공해주는 것은 오직 책뿐이다. 시련 없이 몇 번이고 다시 되돌아갈 수 있는 것은 오직 읽기뿐이다. 그리고 책은 목격자를 품게 되어 있다. 책은 반복해서 파헤쳐질 준비가 되어 있다. 책에는 백만 가지 장점이 있지만 비난받을 거리도 하나 있다. 말을 못한다. 아니, 책은 말을 걸지만 독자는 모국어 발음 습관에 따라서 말을 한다. 달리 어쩔 도리가 없다. 외국어 발음 규칙을 익히려면 의식적으로 모국어와 비교하면서, 즉 대조를 통해서 배워야 한다. 이것은 새로운 언어에 귀로 접근하는, 그러니까 언어 귀가 있는 사람에게도 필연적인 방법이다. 그리고 오디오 어학실에서 무제한으로 발음을 들을 수 있는 사람들에게도 그렇다.

어떤 사람은 영어 단어 'film'을 발음하는 법을 청각적 직관으로 배울 것이다. 하지만 영어에 짧은 'i' 발음이 없다는 것을 의식한다면 더욱 확실한 방법이 있다. 발음이 짧으면 곧바로

'e' 발음으로 옮겨간다.[1] 훌륭한 교사나 혹은 교사가 없는 학습자에게 라디오, CD의 역할은 바로 이처럼 비슷한 규칙에 주의를 집중시키는 것이다.

하지만 이것도 수업의 일부일 뿐이며 심지어 수월한 부분에 속한다. 적어도 의식적으로 생각하는 소리, 강세, 억양, 말하는 리듬을 복제해내는 것이 중요하다.

이걸 얻으려는 군은 결심을 했다면 소리의 '음계'와 모국어에는 낯선 소리 뭉치를 부지런히 연습해야 된다. 어떤 소리들인지 궁금한가? 일단 부정확한 발음은 단어의 뜻을 바꾼다.

헝가리어는 사투리나 개인에 따라 글자 e가 [ɛ]나 [e] 소리도 나기 때문에 발음이 조금 달라져도 큰 문제가 안 된다. 하지만 영어는 상황이 전혀 다르다. 영어 bed는 닫힌 'e'로 발음되고([bɛd]), bad는 열린 'e'로 발음되는데([bæd]) 그 의미가 전혀 다르다. 우리 시대 문학에서 굉장히 자주 언급되는 '잠자리 매너(bed manners)'는 '결례(bad manners)'와 혼동해서는 안 된다.

내 경험에서 두 가지 요소를 언급하고 싶다. 하나는 목표언어에 존재하지 않는 단어로 음성학적 반복 연습을 해야 한다는 것이다. 바로 무의미한 낱말nonsense word이다. 이렇게 해야 실

---

1 'sit'와 'seat'를 견줘보자. 전자는 더 짧고 열린 홀소리다. 한국어는 'ㅣ'가 길든 짧든 똑같은 발음이지만 영어에서는 길이뿐 아니라 질도 다르다.

제 낱말과 헷갈리지 않게 된다.

　예를 들어, 'w'와 'v' 소리의 차이는 헝가리 사람에게 특히 어렵다. 그렇다면 wo-vo, wa-va, we-ve, wi-vi 등등의 음절을 연습해보자. 걸을 때나 목욕할 때, 트램을 기다릴 때, 혹은 머리를 할 때는 연습에 좋은 기회이다. 나는 특히 후자를 추천하는데 거울로 입의 위치를 확인하기 쉽기 때문이다.

　또한 여러분의 모국어를 말하는 외국인의 발음 실수를 확인하는 것 역시 유익하다. 그들의 말을 의식적으로 듣는 것은 언어 학습에서 아주 중요하다. "난 사실 지크프리트 브라흐펠트[2]의 헝가리어를 듣고 독일어 발음 규칙을 이해했어"라고 주의 깊은 친구 하나가 언젠가 말해줬다. 영어 화자가 가게에서 퇼퇼틴터töltőtolltinta[3]를 달라고 하는 걸 들은 사람이라면 유기음(거센소리) 및 무기음(된소리) 차이를 절대 못 잊을 것이다.

　일반적으로 라디오, 텔레비전, 언어 학습 카세트테이프는 발음의 좋은 모범이 된다. 물론 이것들은 특별한 관심을 기울일 때만 노력한 시간의 가치가 있다. 예를 들어 실제 들리는 소

2　Siegfried Brachfeld. 1970년대에 헝가리에서 활동한 독일 출신 유명 사회자.
3　만년필 잉크. 헝가리어 무성 파열음은 한국어 된소리에 가깝다. 한국어로는 [퇼퇼떤떠]로 발음되나 영어는 된소리가 음소로 없고 음절 첫머리에서 파열음이 한국어 거센소리와 가까우므로 [퇼퇼틴터]처럼 발음된다.

리와 머릿속으로 생각한 것과 어떻게 다른지(짧은지 긴지, 닫힌 소리인지 더 열린 소리인지, 날카로운지 밋밋한지) 잘 들어보라. 한 번에 단 한 가지 소리만 배우더라도 번듯한 구두골을 여럿 모을 수 있다.

단어와 문장의 정확한 억양을 익히는 것은 더 중요하다. 라디오와 텔레비전 프로그램을 녹음, 녹화하고 반복적으로 다시 틀면 머릿속에 효율적으로 새겨 넣을 수가 있다. 영원불멸의 규칙이 여기서도 적용된다. 이것을 짧은 시간 동안, 대신에 최고의 강도로 수행해야 한다. 마음은 어제의 경험이나 내일의 희망 사이를 헤매고 다니면서 몸만 라디오 옆이나 녹음기 옆에 앉아 있지 마라.

텔레비전은 언어를 배우는 아주 좋은 방법인데 종종 얼굴을 클로즈업해서 보여주기 때문이다. 그럴 때 소리를 들으면서 화면으로 올바른 입의 위치를 실질적으로 읽을 수가 있다. 나는 예컨대 네덜란드인이 외국어를 배우는 여건이 부럽다. 텔레비전으로 더빙하지 않은 외국 영화를 보니까 하루에 한두 시간은 외국어를 들을 기회가 생기고 네덜란드어로 된 자막을 보면서 혹시 빠뜨린 건 없나 확인할 수 있다. 이유는 충분히 이해하지만 헝가리 텔레비전에서 원어 오디오트랙이 굉장히 드물어 크게 안타깝다. 우리 언어 학습자들은 원어 음성이 나오면 고마울 따름이다.

어학 강좌는 대단히 쓸모가 많은데 특히 수업을 두 번 들을 기회가 생긴다면 더욱 그렇다. 많이도 안 바란다. 반은 넋을 놓고 한쪽 눈만 뜨고 있어도 교실에서 얻을 것은 많다.

최근 몇 년간의 교육적 성취가 언어 학습의 문제를 해결했다고 여기다 적을 수 있다면 기쁠 테지만 안타깝게도 현실은 장밋빛 희망대로 되지 못했다. 우리들 대부분은 피로에 지쳐 직장에서 돌아온다. 그래서 외국어 말하기 실력을 높이기보다는 범죄 영화와 서부 영화에 집착하게 되는 경향이 있다. 십대들은 팝음악에 목말라 있는데, 입말을 배우기에 팝은 적절치 않다. 영상은 어휘를 풍부하게 만들고 문장 구성력을 향상시켜줄 수 있지만 그것도 반복해서 볼 경우에 한해서다. 나의 비공식적인 조사에 따르면 영상 마니아들은 반복해서 보지 않는 사람이 많다.

사람들은 어떤 언어를
왜 배울까?

유네스코는 위 제목의 질문에 대한 해답을 찾고자, 두어 해 전에 설문조사를 실시했다. 하지만 응답을 취합하고 나서 어떤 언어라고 명확히 결론을 언급하지 못했다. 국경을 맞댄 나라의 언어를 많이들 사용할 것이므로, 그런 언어를 공부하는 경향이 있다고만 발표했다.

규칙이 그렇다면 헝가리는 부분적으로 예외에 속한다. 헝가리인이 습득하는 언어 중에 체코어[1], 세르비아어, 루마니아어는 찾아보기 어렵다. 언어적 고립이 워낙에 심각해서 세상으로 가는 여권을 얻으려면 '행동반경'이 큰 언어를 익혀야만 한다. 스위스는 행복하다. 그들은 국경 안에 세 가지 세계어를 품고

---

1 1992년 체코슬로바키아가 체코와 슬로베니아로 분리되어 체코는 헝가리와 바로 맞닿지는 않게 됐으나 체코어와 슬로바키아어는 서로 통한다.

있다. 스위스 사람이 그중에 어떤 언어를 선택하든지 그 사람은 수천만 화자에게 열린 문을 갖게 될 것이다.

헝가리어는 헝가리인을 제외하고는 겨우 몇 백 명이 개인적인 (혹은 정서적인) 이유나 흥미로운 언어적 특징 때문에, 아니면 헝가리 문학을 읽으려고 할 때만 배우는 언어일 뿐이다.

그래서 외국에서 헝가리어 화자를 얼마나 만날지는 매우 호기심이 동하는 일이다. 이국땅에서 헝가리인 동포가 부다페스트에서 흔히들 그러듯이 빨간 불에 멈춰 서서 발을 구르고 조바심에 욕설을 내뱉으면, 누군가가 미소를 지으며 돌아보는 일이 있다. 이것은 헝가리어가 세계어라는 것과 브뤼셀이나 런던에서는 그런 식으로 성질을 부려서는 안 된다는 것을 보여준다.

여러 해 전에 어느 북부 유럽 도시에서 세계 청년 회의가 개최되었다. 나는 헝가리 청년 대표로 위원회에 소속된 건 아니었고 통역사로만 참가했다. 현지 주민의 흥미를 끌어내기 위해서 주최 측은 행진을 제안하며 참가자에게 함께할 것을 요청했는데 가능하면 전통 의상을 입고 오라고 했다. 멋진 풍경을 만들어주는 보닛을 쓴 네덜란드 소녀, 기모노를 입은 일본 소녀, 망토를 걸친 폴란드 남자, 킬트를 입은 스코틀랜드 남자 들을 향해 우리는 현지인과 함께 박수를 보냈다. 갑자기 어느 아프리카의 칠흑같이 검은 아들들이 가슴까지 홀딱 벗고 얼굴은 색색으로 칠을 하고 머리에는 한들한들거리는 보라색 깃털 장식을 달고 나오는 게 보였다. 아프리카 그룹은 우리 옆에 도착했다. 좀 더 화려한 깃털과 긴 창으로 보아 그들 중 리더인 듯한 사람이 우리를 발견했다. "안녕, 케이트!" 열정적인 외침은 흠잡을 데 없는 헝가리어였다. "부다페스트 남자들은 어디 있어?"

적도 근처에서 태어난 사람이 헝가리의 대학교에서 4년을 보내고 나무랄 데 없는 헝가리어를 한다는 사실이 너무나도 놀라웠다.

언어를 배우겠다는 결심은 어떻게 할까? 자식에게 어떤 언어를 가르칠지는 어떻게 결정할까? 그 해답은 보통 쓸모 및 손쉬움과 연결되어 있다.

쓸모는 언어의 미래를 다루는 장에서 이야기하겠다. 배우기 쉬운 정도와 관련한 결정은 개인적이다. 헝가리는 ('큰' 언어 밖에 있는 다른 나라 대부분과 마찬가지로) 교사, 교재, 사전, 혹은 방법론에 관한 이론적 문헌과 실용적 문헌에 부족함이 없다. 그렇기 때문에 학습자는 자기한테 가장 잘 맞는 언어를 고를 수가 있다.

멋진 언어와 추한 언어, 혹은 풍성한 언어와 결핍된 언어가 있다고 주장하는 사람들이 있다. 이탈리아어는 보통 일반인에게 가장 아름답다고 여겨진다. 부드럽고 멜로디가 있다고 칭송을 받는다.

이탈리아어는 듣기에 즐거운데, 단어 구성에 모음이 많고 자음이 적기 때문이다. 독일어가 아름답다는 사람은 별로 없다. 아무리 좋게 봐도 언어 올림피아드에서는 'Laue Lüfte wehen lind' 같은 문장으로나 경쟁할 수가 있다. 이 문장이 호감을 얻는 것은 그 안에 'l' 발음이 여러 개이기 때문일까, 아니면 마찬가지로 멋지게 흐르는 번역문이 곧장 떠올라서일까? 그 뜻은 이렇다. "따뜻한 산들바람이 부드럽게 분다."

러시아어는 나긋나긋하다기보다는 씩씩하다고 여겨지지만 시인 표도르 솔로구프Фёдор Cологуб는 연인을 칭송하려고 소리가 멋진 단어들을 찾아내기도 했다.

> Белей лилей, алее лала
>
> Бела была ты и ала
>
> 벨레이 릴레이, 알레예 랄라
>
> 벨라 빌라 티 이 알라 [2]

"당신은 하얗고도 붉었소. 백합보다 하얗고 루비보다 붉다오."[3] 간단히 옮겨 본 번역문보다 원래 문장이 더욱 아름답게 들린다.

---

2   시집《불타는 원(Пламенный круг)》(1908).

3   лал(랄)은 루비의 일종이다.

"언어의 음향 현상과 의미의 영향은 떼어내서 보기 힘들다"라고 졸너이 벨러Zolnai Béla는《언어와 기분Nyelv és hangulat》에서 말했다. 딱딱하거나 부드러운 울림은 낱말 소리의 조합에만 좌우되지 않는다! 'violet(제비꽃)'이란 단어를 들으면 몽상에 빠지게 된다. 얼마나 다정하고 친절한 작은 꽃인가. 'violence(폭력)'는 앞 낱말과 글자는 거의 같지만 귓속에서 화가 난 듯한 쨍그랑 소리가 난다. Andalusia(스페인 안달루시아)라는 단어는 부드럽게 댕댕 울리고, 이 단어와 뿌리가 같은(반달Vandal족에서 유래) vandalism(반달리즘)은 거칠게 울린다. 헝가리어 fülbe-mászó[퓔베마소][4]는 감미롭게 귀에 착 감기는 곡조를 의미하는지, 보기 흉한 집게벌레를 의미하는지에 따라 반응이 달라진다.

체코어와 세르비아어는 일반적으로 멜로디 면에서 점수가 나쁘다. 이들 언어는 대중에게 혹평을 받는데 그 이유는 복잡한 자음군 때문이다. 세르비아어에서 자주 인용되는 검은 꼭대기라는 말 crni vrh[츠르니 브르흐]는 거의 닿소리만으로 구성된다. 내가 체코어는 귀에 즐거운 효과를 주지 않는다고 생각하는 것은 첫 음절 강세 때문이다. 그러니까 항상 단어의 첫 음절이 고막을 때린다. 그래서 헝가리어도 별로 멋지지 않게 들리는 듯

---

4 글자 그대로는 귀(fül)로(be) 기어오르는(mászó)이라는 뜻. '곡조의 감미로움'도 되고 '곤충'도 된다.

싶다.

"자네는 애인을 뭐라고 부르나?" 1차 세계대전에 참전한 어느 이탈리아인 병사가 헝가리인 동지에게 물었다.

"내 비둘기galambom라고 부르지." 그가 대답했다.

"딩동, 걸럼봄." 이탈리아인은 갸우뚱했다. "하지만 그건 종 울리는 소리지 애칭이 아닌걸!"

많은 이들이 표현적인 특징을 소리에 담으려고 노력해왔다. 코스톨라니보다 더욱 시적으로 해낸 사람은 거의 없다.

Ó az i	ㅣ의
kelleme,	우아함이여
ó az l	ㄹ의
dallama,	멜로디여
mint ódon	그렇게도 오래된
ballada,	발라드여
úgy sóhajt,	한숨 쉬는
Ilona.	일로나여
Csupa l,	ㄹ만
csupa i,	ㅣ만
csupa o,	ㅗ만

csupa a,	ㅏ만
csupa tej,	젖만
csupa kéj,	쾌락만
csupa jaj,	비탄만
Ilona.	일로나여

글 자체에 집중해서 보면 어떤 소리는 특정한 의미를 가진 낱말에서 특히 자주 나타난다. 이를테면 홀소리 [i]는 작다는 뜻이다. 헝가리어 kis, kicsi(작은, 자그마한), pici(아주 작은), 독일어 winzig(아주 작은), 러시아어 мизинец(mizinyets, 새끼손가락), 영어 little(작은), itsy-bitsy(조그마한), teeny-weeny(아주 작은), 프랑스어 minime(미미한, 사소한), 이탈리아어 piccolino(아주 작은), 스페인어 chiquito(어린아이), 헝가리어 은어 piti(사소한, 보잘것없는)에서 [i] 소리가 나타난다. 그리고 그 크기 때문에 이름을 얻은 건 아니지만 미니스커트mini skirt보다 훨씬 작은 비키니bikini까지 있다.

천둥을 일컫는 독일어 Donner, 영어 thunder, 프랑스어 tonnerre와 러시아어 гром гремит(grom gremit) 같은 단어들이 몹시 으스스해 보이는 건 자주 등장하는 'r' 탓일까, 아니면 불길한 의미 탓일까?

결국 언어의 아름다움이란 대개 부드럽고, 딱딱하고, 음악과도 같고, 혹은 거친 울림소리로 판단된다. 파생어의 유연성은 언어의 아름다움을 따지는 데 고려하는 요소가 아니다. 만약 이 부분을 따진다면 러시아어는 아마도 승자의 위치에 서 있을 것이다. 신축성에서 1등을 할 것이다.

금은 동전 한 개 크기여도 망치로 두드려서 늘릴 수 있으며, 늘려도 광택이나 색상을 전혀 잃지 않다 보니 귀중한 금속으로 여겨진다. 러시아어도 이와 다르지 않다. 예를 들어, 단음절 단어인 'СТАТЬ'를 보자.

стать	되다
ставить	두다
оставить	남기다
остановить	멈추다
приостановить	중지하다
приостанавливать	중단시키다
приостанавливаться	중단하다
приостанавливаемый	중단될

구조가 복잡해 보이는가? 역시 그렇다. 하지만 생각해보라. 밀라노의 성당도 복잡하지만 누구든 경이에 차서 그 건축물을 바라본다. 다장조 음계는 단순하지만 특별히 더 멋지지는 않다.

하지만 그 음계로 만들어진 모차르트의 교향곡 41번은 놀라운 걸작이다.

언어는 하인이자 인간의 순종적인 어린 양이다. 다양한 장치가 존재하기 때문에 모든 아이디어는 그 전체를 번역하기에 알맞도록 되어 있다. 핀우그리아어의 접미사 개수에 겁을 집어먹은 사람은 영어의 고립된 단어 조합의 끝없는 다양성을 생각해봐야 한다. 문장의 의미는 머릿속의 체스판 위에서 어떤 돌을 움직일지에 달려 있다.

예를 들어 '돌다, 돌리다'라는 뜻의 영어 동사 '(to) turn'은 특정한 부사가 더해지면 뜻이 완전히 달라진다. 이러한 동사와 부사의 결합을 구동사라고 부르는데 하나씩 하나씩 새로운 단어로 기억해야 한다. 다음은 몇 가지 예시이다.

turn down	거부하다
turn up	나타나다
turn in	잠자리에 들다
turn over	매상을 올리다
turn out	만들어내다
turn on	켜다

언어가 쉬운가, 어려운가에 관한 질문을 다루는 독립된 장이 따로 있다. 하지만 한 가지 일반적인 진리를 여기에 언급할 필요가 있겠다.

배우기 쉽다고 여겨지는 대표적인 언어는 이탈리아어다. 그 이유는 소리와 글자의 관계를 파악하고 그걸 단어로 만들고 또 거기서 문장을 만들어내는 데 필요한 규칙이 상대적으로 적기 때문이다.

언어와 단어

'가난한' 언어와 '부유한' 언어가 있다는 말들을 한다. 어쩌면 한 가지 개념을 놓고 다른 언어보다 더 많은 동의어를 가진 언어가 있을지도 모른다. 이 분야에 정확한 연구가 있는지 잘 모르겠다. 하지만 어떤 언어에 특정한 개념을 표현하는 낱말이 풍부하다고 할지라도 다른 것을 표현하는 데는 놀랍도록 낱말이 모자랄 수도 있다. 헝가리어 역시 예외가 아니다.

헝가리 번역가들도 외국 문학 작품에 나오는 말뜻의 어감을 모두 옮길 수는 없다고 한숨을 쉬곤 한다. 우리가 여기저기 가난한 것은 나도 인정한다. 예를 들어 독일어 Stimme(목소리, 음성), Ton(음조, 음향), Laut(소리, 음운)에 대응하는 헝가리어는 hang 하나밖에 없다. 영어 seed(씨, 씨앗, 종자), nucleus(핵, 심), pip(사과나 귤 따위의 씨), core(핵심, 정수, 고갱이), semen(정액)은 언제나 헝가리어 'mag' 하나로 바뀐다. 영어의 grain(낟알),

kernel(알맹이, 심, 낟알), stone(씨, 핵) 같은 낱말 역시 마찬가지다. 하지만 felszabadulás와 felszabadítás 그리고 felhalmozás와 felhalmozódás[1]의 차이를 가르는 능력으로 뿌듯할 언어가 과연 또 있을까?

독일어는 낱말이 가장 풍부한 언어로 여겨지곤 하지만 können('할 수 있다'는 뜻의 영어 can에 해당하는 조동사)이 익힐 수 있는 기술, 환경에 따라 결정되는 능력 두 가지를 다 일컫는다. 이와 달리 프랑스어, 러시아어, 폴란드어는 둘을 일컬을 때 딴 낱말을 쓴다. je **sais** écrire, **умею** писать, **umiem** pisać(순서대로 프랑스어, 러시아어, 폴란드어)는 '배웠기에 쓸 수 있다' 즉 '나는 글을 쓸 줄 안다'는 뜻이고, je **peux** écrire, **могу** писать, **mogę** pisać(순서대로 프랑스어, 러시아어, 폴란드어)는 이를테면 내게 펜이 있고 그 사용이 금지되지 않은 경우에 '내가 글을 쓰는 데 외부의 장애물이 없다'는 의미이다. 그래서 독일 번역가들은 독일어에 없는 프랑스어 pouvoir와 savoir의 차이 탓에 한숨을 내쉬었다. Si jeunesse **savait**, si vieillesse **pouvait**(젊은이가 할 줄 알았다면,

---

1 felszabadulás와 felszabadítás는 '해방', felhalmozás와 felhalmozódás는 '축적'을 뜻한다. 각각 자동사 felszabadul(풀려나다), 타동사 felszabadit(풀어 주다), 자동사 felhalmozódik(쌓이다), 타동사 felhalmoz(쌓다)의 명사형 파생어인데 한국어나 영어 명사로는 똑같은 말을 쓰기도 한다.

늙은이가 할 수 있었다면).

영어는 허락에 따른 가능성을 표현하는 독립된 조동사가 있다. 바로 may이다. 실력이 별로 뛰어나지 않은 어느 번역가가 조지 버나드 쇼에게 작품을 번역할 수 있겠는지 물었을 때 들었던 대답에서 잘 드러난다. "You may, but you can't(할 수 있지만 할 수 없다=해도 되지만 못할걸)." 이런 조동사들 없이는 'You are allowed, but you are not able(네가 허락은 받았지만, 할 수는 없을 것이다)'이라고 어색하게 바꾸는 수밖에 없을 것이다.

조동사 얘기를 하다 보니 요즘 종종 올라오는 주제가 생각난다. 바로 젊은이들의 특별한 어휘이다. 이와 관련해서 많은 이가 비판하고 또 다른 많은 이가 칭송한다. 나는 후자에 속한다. 이런 단어가 문서화된 적은 거의 없지만 일상에서는 쓸 수밖에 없다. 어느 교사가 독일어 수업 시간에 '좋아한다'는 뜻의 조동사 mögen[2]은 헝가리어에 대응되는 말이 없다고 설명했다. "그러면 csípem[3]은요?" 하고 학생들이 대꾸했다. 정말로 cucc[4]와 같이 짧고 간결해 의성어나 의태어에 가까운 낱말이 태어나

---

2 비슷한 헝가리어로 szeret가 있는데, 원래 좀 더 강렬한 감정인 '사랑하다'에서 '애호하다'라는 뜻도 나타내게 됐다.

3 csíp는 원래 '꼬집다, 찌르다, (벌레가) 쏘다'라는 뜻이지만 시쳇말로 '마음에 들다, 좋아하다, 꽂히다'라는 의미도 있다.

4 물건, 소지품, 잡동사니를 뜻하는 헝가리어.

지 않았더라면 안타까웠으리라.

걸출한 문학 번역가 쇨뢰시 클라러Szőllősy Klára는《마의 산 Der Zauberberg》(1924)을 번역하는 일이 얼마나 골칫거리였는지를 이야기한 적이 있다. 가장 거룩한 사랑과 부모자식의 애착에서부터 연인 사이의 육체적 갈망까지 모든 감정을 토마스 만이 독일어 die Liebe(사랑) 한 낱말로만 나타내다 보니 안타까웠다는 것이다. 다행히 szerelem와 szeretet[5]라는 낱말 짝을 따로 가진 풍성한 헝가리어 덕분에 속속들이 뛰어난 번역이 이뤄질 수 있었다.

---

5   둘 다 사랑을 뜻하는데 전자는 낭만적 사랑이고 후자는 더 넓은 애정이다.

단어와 문맥

"엄마, 'TB'가 무슨 뜻이에요?"

"아들아, 그건 뭘 읽느냐에 따라서 다르단다. 헝가리어로는 명예 회원tiszteletbeli tag이 될 수도 있는데, 스포츠 신문에서 본 거라면 체육 교육 위원회Testnevelési Bizottság일지도 몰라. 의학 논문에서는 폐결핵tuberkulózis을 의미할 수도 있지. 옛날 문서라면 상고 법원 판사táblabíró를 뜻할 수도 있단다."

내 경험에서 따온 위의 대화는 단어, 이 경우에는 약어를 문맥에서 따로 떼어놓을 수 없다는 걸 보여준다. 우리는 문맥 안에서만 단어를 이해할 수 있고 오직 문맥 안에서 단어를 익혀야 한다.

문맥을 뜻하는 콘텍스트context는 라틴어 'contextus'가 어원이다. '함께 엮인 직물'을 뜻하고 비유적으로는 '연결' 및 '배경'을 일컫는다. 텍스트는 천을 짜는 것과도 비슷하기 때문에 콘텍스트도 언급하는 것이다. 글 전체에서 어떤 단어나 문구를 빼내는 것은 직물 한 필에서 조금 뜯어낸 천조각과도 같다. 실은 얼기설기 엮여 서로 강하게 응집된다. 바로 이렇게 해서 전체에 색상, 형태, 안정감을 준다.

몇 년 동안 쓰지 않은 언어로 말을 해야만 하는 상황을 생각해보자. 생각의 바퀴는 삐걱거리며 어렵사리 굴러간다. 결국 화가 나서 고개를 젓는다. 전에는 알던 단어인데 이제는 잊어버린 것이다. 아주 간단한 단어조차 바로 떠오르지 않는다. 하지만 그 말이 마침내 떠오르더라도 그건 기본 언어인 모어에서 왔다기보다는 예전에 공부했던 또 다른 외국어에서 온 것이다. 짜증이 나고 당황스럽겠지만 10~20분만 지나면 '올바른' 언어의 단어와 형태가 제자리를 찾기 시작할 것이다. 아직 언어 천재 기질이 남아 있나 보다 하고 조용한 황홀감에 젖을지도 모르지만, 낱말들 사이에서 기억이 되살아나 문맥을 제자리에 갖다놓는 힘이 생긴 것뿐이다.

사람들이 이름을 잘 기억하지 못하는 이유가 뭘까, 오랜 시간 동안 머리를 쥐어짰다. 아주 흔한 단어나 기술 용어는 여러 해 동안 사용하지 않아도 단번에 머릿속에 떠오르는 데 비해서 지인, 친구, 혹은 친지의 이름(성과 이름 중 특히 이름)은 아무리 노력해도 전혀 기억이 나지 않을 때가 있다.

이런 이야기를 줄줄이 꺼내는 이유는 기억력 감퇴 예방에 대한 나의 조언이 바로 단어 암기법과 똑같기 때문이다. 바로 '기억술'인데 어떤 단어를 인공적인 문맥에 넣는 기술이다. 암기할 단어나 이름은 허공에 둥둥 떠다니게 놔두지 말고 이미 아는 용어나 개념과 연결시켜야 한다. 여러 방식이 있지만 어휘적, 의미적, 음성적으로 이루어질 수 있다. 예를 들어 나는 일본어로 가난한 사람을, 이탈리아어로 작은 소년을 어떻게 표현하는지 결코 잊을 수가 없을 것이다. 둘 다 발음이 [빔보]와 비슷하다.[1]

물론 제대로 연결해놓았다고 해서 잊어버릴 위험에서 항상 벗어날 수 있는 것은 아니다. 독일의 언론인이자 여행 작가 리하르트 카츠Richard Katz는 저서 《반짝이는 극동! 중국, 한국, 일본에서 겪은 것Funkelnder Ferner Osten! Erlebtes in China, Korea, Japan》에서 일본어로 '고맙습니다(ありがとう, 아리가토)'를 기억하려고 악어(Alligator, 알리가토어)를 떠올렸다고 밝혔다. 그리고 코트를 입도록 도와준 작고 상냥한 게이샤에게 "Krokodil!"이라고 말했다고 한다.

낱말만 맥락에 들어가는 것이 아니다. 얼굴빛, 억양, 몸짓 등도 모두 맥락으로부터 살펴볼 수 있다. 그래서 우리는 눈에

---

1 헝가리어 bimbó는 싹, 일본어 貧乏(びんぼう)는 가난, 이탈리아어 bimbo는 어린아이를 뜻한다.

보이지 않는 라디오 아나운서의 발음이 아무리 완벽해도, 생방송 중인 몸짓이 많은 연사의 말을 더 쉽게 이해한다.

한번은 아주 중요한 순간에 아주 작은 부수적 특성, 그러니까 그 사람의 피부색이 나를 살려준 적이 있다. 어느 중요한 국제회의에 동시 통역사로 참여했을 때의 일이다. 대부분의 동시 통역사과 마찬가지로 나는 보통 그런 회의에서 눈을 감고 일하는데, 그러면 모든 시각적인 인상을 배제하고 언어에 전적으로 집중할 수 있기 때문이다. 대표 중에 한 명이 경제 정책을 제안했는데, 그 말이 내가 느끼기에는 인종 차별적인 내용이었다. 누군가 거기에 대고 명료하고 훌륭한 프랑스어로 대답을 했지만 나는 그의 짧은 발언에서 결정적인 단어를 놓치고 말았다. 그 제안을 두고 '받아들일 수 있다(acceptable)'라고 했는지 '받아들일 수 없다(inacceptable)'라고 했는지 제대로 알아듣지 못한 것이다. 나는 겁에 질려 눈을 떴고 한시름 놓을 수 있었다. 연사의 칠흑 같은 아프리카 얼굴이 모든 의구심을 거두어갔다.

어휘 문제는 가장 구체적이고 실체가 있는 지식의 일부이기 때문에 나중에 다시 다루겠다.

최근에 어떤 남자가 딸이 독일어를 공부한다면서 "딸아이는 이제 절반쯤 했습니다"라고 내게 자랑스럽게 말했다. 내가 물었다. "절반이라니 무슨 뜻인가요?" "그게, 애가 이제 대략 1,500단어를 아는데 앞으로 1,500단어를 더 익히면 독일어를 완벽하게 말할 겁니다."

이보다 더 순진한 발언은 딱 한 번, 역시 독일어와 관련되어서 들었는데 평균적인 언어 학습자에게서였다. 나이가 겨우 일고여덟 살 정도였던 것은 그 친구를 위한 핑곗거리로 놔두자. 아이는 트램에서 자기 엄마와 얘기를 하고 있었다.

"엄마, 나 내일 독일어 수업 들을까 생각 중이에요."

이 엄마는 자기만의 문제에 몰두한 상태인지 이 커다란 일을 두고 딴 데 정신이 팔린 채 고개만 끄덕였다. 하지만 이 어린 친구는 굉장히 신이 났는지 일이 분 뒤에 다시 이렇게 말했다. "엄마, 있잖아요. 수업이 끝나면 그때는 나도 독일어로 말할 수 있겠죠?"

아니란다, 얘야. 안타깝지만 넌 그렇게 할 수가 없어. 몇 주, 몇 달, 어쩌면 몇 년이 지나도 못할 거야. 소위 충분한 지식이라고 말하는 3,000단어를 다 알아도 못할 거란다.[2]

헝가리의 언어학자 러지치우시 줄러Laziczius Gyula는 어휘를

---

2 단순하지 않은 글의 95%는 3,000단어를 알면 이해할 수 있고, 나머지 5%는 맥락에서 파악할 수 있다는 것이 드러났다(Liu Na and I. S. P. Nation (1985). Factors affecting guessing vocabulary in context. RELC Journal 16 [1]: 33 – 42). D. Hirsh와 P. Nation(1992) 및 B. Laufer(1989) 등은 연구에서 2,000 내지 3,000단어의 어휘력이 실제 언어 사용의 기초가 된다고 확인한 바 있다.

바다에 비유했는데, 언어 안에서 파생과 합성으로 만들어지는 새 낱말은 불어나는 바닷물과 같고 다른 언어와의 접촉으로 생기는 차용어는 밖으로 뻗어나가는 망망대해와 같다고 했다.

다행히도 새 언어와 친해지기 전에도 이미 몇몇 단어를 알고 있을지도 모른다. 언젠가 헝가리 음악평론지 칼럼 하나에서만 이탈리아어 낱말 14개를 봤다. 축구 팬들은 지난 일요일 경기의 자세한 내용을 가지고 사실상 영어 용어로 말다툼한다. 스푸트니크와 그 자매 위성들은 러시아어인데 이제 삼척동자도 알게 되었다. 게다가 일본어처럼 서양에서 먼 곳의 언어, 예컨대 기모노(きもの, 옷), 다이후(台風, 태풍)[3], 게이샤(芸者), 사요나라(さようなら, 잘 가요)는 헝가리 사람이 이미 아는 낱말이다. 그리고 어떻게 보면 반자이(万歳, 만세)에서 '10,000세(까지 사시기를)', 덴노(天皇)에서 '하늘', 리키샤(力車, 인력거)에서 '힘', 하라키리(腹切り, 할복)에서 '배'와 '자르다', 그리고 심지어 조초후진(蝶々夫人, 나비 부인)에서 '나비'라는 단어를 알 수도 있다.

외국어는 다른 것들과 함께 여러 지리적, 과학적 용어를 가져다주었다. 문제가 있다면 그 단어를 차용할 때 모어의 규칙대

---

3 영어 typhoon, 독일어 Taifun, 헝가리어 tájfun 등은 어원이 복잡한데 발음에서 드러나듯 일본어가 아니라 그리스어 typhon과 광동어 大風이 융합된 형태다.

로 다룬다는 점이다. 안타깝게도 그런 단어들은 상당한 변화를 겪기 때문에 때로는 예리한 언어학자만이 그 원래 의미를 파악할 수 있다.

얼마 전에 누군가가 영어 의학 관련 글에 쓰인 거의 모든 단어의 어원이 국제적으로 통용되는 라틴어–그리스어 어휘라고 장담을 한 일이 있다. 그는 영어를 못하는 의사들 앞에서 발췌문을 읽었다. 한마디라도 알아들은 사람이 없었다.

놀랄 일은 아니었다. '이소퍼거스'에서 식도esophagus를 알아차리고, '사이키'에서 정신psyche을, '피터스'에서 태아fetus를 알아차리기는 정말 힘든 일이다. 프랑스어 chef-d'oeuvre(걸작) 및 nature morte(정물화)가 어원인 러시아어 낱말 шедевр 및 натюрморт는 프랑스 사람이 들으면 금세 알아듣기 어려울 것이다.

고급 어휘가 많은 텍스트를 이해하기는 오히려 더 쉽다. 하지만 일상의 어휘를 배워가다 보면 단어는 점점 더 문맥에 얽매이게 된다. 어쩔 수 없다. 그냥 배워야 한다. 실이 없이는 천을 짤 수가 없다.

단어를
공부하는 법

고전적인 어휘 학습의 기본은 단어장 만들기다. 수업에서 배울 낱말을 공책에 적고 그 옆줄에 모어로 뜻을 적는다. 이제 한 줄을 손바닥으로 가리고 그다음엔 다음 줄을 가려본다. 눈으로 단어를 보고 입으로 중얼거리고 머리로는 그걸 외운다. 이 방법은 언어 학습 자체만큼이나 오래되었다. 단점은 낱말이 문맥에서 빠져 외따로 두뇌에 전달된다는 것이다. 그리고 배울 외국어 단어에 모어의 의미가 부여되며, 그것이 새 소지품을 걸어놓는 유일한 못이 된다. 좀 더 학문적으로 말하자면 그 뜻만 연상하게 된다. 분명 건강한 시작은 아니다. 딴 이유도 있지만 바로 단어의 한 가지 뜻만 기록되기 때문에 이게 좋은 시작이 아닌 것이다. 예컨대 단어장에 영어 marble이 대리석을 뜻한다고 적어둔다면 그것은 절반의 진실일 뿐이다. 구슬(장난감)이라는 뜻으로도 그만큼 자주 쓰이기 때문이다. 큰 사전은 단어를 여러 문맥에서 설명한다. 낱말의 뜻을 하나만 기록한다면 배경(독일어 Hintergrund)을 없애는 것이다.

그런데 이 방법에는 큰 이점이 있다. 학습자가 스스로 단어 목록을 편집한다는 점이다. 그 단어와 연관되는 사적인 경험이 생기는 것이다. 페이지 위의 단어들은 학습자의 맥락 안에 내재되어서 기억에 불쑥 나타난다. 그 단어를 만난 곳, 시간, 이따금씩은 그 단어를 공책에 적을 때의 기분 같은 환경까지 떠올리게 한다.

나는 어수선한 단어장을 쓰도록 온 마음을 다해서 추천한다. 옥구슬 같은 글자로 깔끔하게 새겨진 줄들은 마치 사막의 풍경과도 같다. 모두 한데 섞여서 졸리게 만들어버린다. 기억력이 매달릴 곳이 없다. 다양한 도구(펜, 연필, 색연필)를 써서 다양한 스타일로(비스듬하게, 꼿꼿하게, 소문자로, 대문자로 등등) 써야 탄탄하고 꾸준한 발판을 얻게 된다. 그러니까 단어장의 이점은 쓰는 사람의 개인적인 특성에 있는 것이다.

재미있게도 꽤 많이 퍼져 있는 또 다른 방법은 사전을 이용한 학습법이다. 여행가이자 동양학자인 밤베리 아르민Vámbéry Ármin과 시인 요제프 어틸러József Attila가 써먹었다. 두 사람 다 사전을 통째로 읽었고 그렇게 해서 언어를 배우는 데 필요한 어휘를 익힐 수가 있었다.

요즈음의 사전은 단어를 문맥 안에서 제공한다. 그렇기 때문에 이 방법이 대부분의 현대 언어 학습 교육법을 거스름에도 불구하고 상당히 성공적인 결과를 낳는 것 같다. 나는 오랫동안 어째서 얼핏 말도 안 돼 보이는 이 방법이 이렇게도 효율적인지 그 이유를 찾아왔다.

독일 관광을 무사히 마칠 만큼 독일어를 충분히 배운 중학교 지인에게 물어보았다. 그가 대답하기를, 단어의 첫 글자가 연상의 기초가 되었다고 했다. 거기에서부터 단어를 외울 수 있었다는 것이다. 그는 각 단어의 다양한 의미를 익히고 그걸 구句로 만들면서 그 관계를 통해서 언어 내부의 논리를 이해하게 되었다.

배워야 할 단어를 문맥과 함께 공책에 기록한다면, 사전의 논리와 어휘 목록의 개인적인 특징을 한데 묶을 수가 있다. 또한 비슷한말(유의어, 동의어) 혹은 반대말(반의어, 대의어)을 덧붙일 수도 있다. 억지로 덧붙여서는 안 된다. 문제의 단어와 자연스럽게 '연관'이 있음을 아는 단어만을 덧붙여라.

원숭이와 유인원은 고등 영장류라 불리는데, 무엇보다도 앞다리를 손으로 사용하기 때문이다. 특히 인간은 손을 어떻게 사용할지를 배웠기에 거인이 되었다. 그래서 모든 언어에서 가장 풍부한 단어군單語群이 '손'에서 왔다는 점은 놀랄 일이 아니다. 독일의 어느 학자에 따르면 인간 활동의 모든 변종은 이 단일어의 파생어로 표현될 수 있다고 한다. 정말로 그런지 직접 확인하지는 못했지만 손을 뜻하는 프랑스어 main과 어원이 같은 낱말의 묶음을 약간 모아볼 수 있다.

manumission: 노예나 농노의 해방

maniéré: 꾸민 듯한, 부자연스러운, 지나치게 꾸민, 기교적인

manche: 구걸

manivelle: 크랭크 축

manchette: 소맷등, 수갑

manifestation: 표시, 표명, 행사, 시위

manifestant: 시위 참가자

émanciper: 해방하다, 자유를 주다

menottes: 수갑

manche: 손잡이, 자루

manier: 다루다, 조작하다, 사용하다, 빚다, 관리하다

manutention: 취급, 운반

manège: 말타기, 승마 연습장, 술책

maintenir: 유지하다, 보존하다, 주장하다, 단언하다

mandat: 위임, 위탁, 권한, 임무, 직무, 영장

manifeste: 선언(문), 성명(서)

manipulation: 조작(조종), 취급, 다루기

manuel: 수공의, 수동식, 육체노동하는

main-d'oeuvre: 노동자, 노동력, 인력

manufacture: 공장, 제조소

manuscrit: 원고, 수사본(手寫本)

manchon: 토시

maintenant: 지금, 이제, 오늘날

manchot: 손이 불구인, 손재주가 없는

remanier: 다시 손질하다, 고치다, 개편하다, 재편성하다, 개수하다

manche: 소매

démanché: 자루가 빠진, 덜컹거리는

mandater: 위임하다, 어음으로 지불하다

manière: 방식, 방법, 수법, 투, 풍, 양식

이 밖에 여러 가지가 있다.

* * *

아마도 언어를 배우는 사람이라면 어떤 단어가 다른 단어보다 쉽게 기억에 남는지 알아차렸을 것이다. 이것은 주관적인 요소와 객관적인 요소에 달려 있다. 주관적인 요소는 단순히 말해 이렇게 표현될 수가 있다. 우리는 개인적으로 연관이 있는 단어를 기억한다. 좀 더 의미 있는 표현, 숫자, 이름, 혹은 사건

이 마음속에 더욱 고정될 것이다.

여기서 내 견해를 다시 피력하자면, 스스로 머리를 써서 알게 된 것이 남이 만든 지식을 받아먹는 것보다 한층 더 확실하게 내 것이 된다. 문맥에서 단어 뜻을 알아차린다면 이 작은 사건이 긍정적인 경험이 될 것이다.

게다가 비록 원시적인 형태이긴 해도 파블로프의 원리를 생각해보라. 뇌의 두 영역이 동시에 반응을 하면 그 효과는 항상 더 오래 간다. 언어 학습에서 지적인 뇌 영역과 감정 영역은 함께 반응할 수 있다. 목표 언어가 그 둘을 동시에 자극할 수 있다면 학습 효과는 향상된다.

언어 학습에서 객관적인 요소는 여러분의 접근법과는 독립적이며 단어 그 자체에 있다. 우리는 특정한 물체(집, 창문, 책, 연필)를 가리키는 명사들을 보다 쉽게 익힐 수 있다. 그다음은 감지할 수 있는 성질(색, 형태, 크기)을 나타내는 형용사이다. 그다음에 오는 것은 추상 명사, 그다음은 쉽게 상상할 수 있는, 특정한 행동(달리다, 주다, 가져오다)을 표현하는 동사다. 내 경험으로는 상징적인 행동을 표현하는 동사(완료하다, 보장하다, 언급하다)가 가장 배우기 어렵다.

동사는 변화형이 가장 많은 품사이다 보니 목록에서 그만큼 아래에 내려와 있다. 동사는 현재형, 과거형, 단수형, 복수형, 능동형, 수동형, 조건형, 명령형의 모습으로 불쑥 나타난다. 여기서 끝나는 게 아니다. 예컨대 영어의 진행형, 완료 시제 같은 상相은 아직 얘기도 안 꺼냈다. 러시아어 공부하다가 쑥 빠져버릴지 모를 미완료형, 완료형, 조건법, 접속법 등 참으로 많다.

의미 외에도 형태 역시 단어를 얼마나 쉽게 외울 수 있는지 여부에 역할을 한다. 긴 단어는 암기가 어려운데 글자 수가 더 많고, 머릿속 저 어두운 곳에서 비슷한 글자 조합의 단어들이 암약하고 있을 개연성이 높기 때문이다. 그럴 때 바로 교차 연상 탓에 쉽게 뜻을 확신하지 못하게 된다. 단어들은 쉽게 뒤섞인다. 그런데 그렇게 몰래 숨은 내용이 헷갈리는 이유는 대개 단어와 언어 둘 다의 탓이다. 확실히 아는 내용은 기억의 서랍장 안에 깔끔하게 정리된 채로 다시 꺼내지기를 기다리고 있다.

몇몇 교육자는 비슷한 단어의 교차 연상은 머릿속에서 서로 멀리 떨어뜨려놓아서 헷갈릴 위험을 막아야 한다고 말한다. 그러나 나는 단어들을 줄지어 놓고 정보를 얻는 편을 더 좋아한다. 발음이 서로 비슷한 일본어 동사 起きる([오키루]. 일어서다, 깨어나다, 생기다라는 뜻), 怒る([오코루]. 성내다, 꾸짖다라는 뜻), 送る([오쿠루]. 보내다, 바래다주다, 지내다라는 뜻)는 헷갈릴까 봐 한 달을 노력했다. 하지만 아무것도 얻어내지 못했다. 어찌할 바를 몰랐다. 그러다가 그 낱말들을 서로 여러 가지 방식으로 짝지어 문장을 만들어 외웠다. 결과는 흠잡을 데 없었다.

단어는 '얼마나 쉽게 외울 수 있느냐'에서만 서로 다른 것이 아니다. 단어는 중요성에서도 다르다. '하다'는 '크다'보다 열 배는 더 자주 쓸 테고, '크다'는 '외모'보다 백 배, '외모'는 '오랑우탄'보다 천 배 더 자주 필요할 것이다. 안타깝지만 가장 자주 필요한 표현은 "뭐라고요?"나 "못 알아들었는데요" 아닐까. 외국인이 하는 말을 들으면 이게 아마 가장 먼저 튀어나올 것이다. 논리적으로 보면 이 문장이 바로 모든 어학 교재의 첫머리가 되어야 한다. 하지만 나는 이 필수적이고 중요한 표현을 초급 학습자에게 알려주는 교재를 단 한 권도 본 적이 없다.

우리의 어학 교재는 명사에 너무 치중했다. '명사중심주의'라 볼 수 있다. 그 이유는 단순한데 가장 쉽게 익히는 어휘가 명사이기 때문이다. 20세기 초반 독일의 언어 교육자 하인리히 고트프리트 올렌도르프Heinrich Gottfried Ollendorff가 저술한 교재에서는 문장마다 소유격이 세 번씩 나왔다(이웃의 땅의 밀렵꾼의 순종 승용마).

외국어를 쓰는 사람과 만나 얘기하려면 필요할 짧은 단어 목록을 보여주겠다.

만나면 하는 말	반갑습니다. 고맙습니다. 해주세요. 미안해요. 안녕하세요. 안녕히 가세요.
자주 쓰는 문구	저는 미국에서 왔습니다. …은/는 어디죠? …말(언어: 영어, 독일어, 프랑스어, 중국어, 일본어, 한국어 등)을 하세요? 다시 말해주실래요? 천천히 말해주세요. …어를 못합니다.
대명사	나. 너. 당신. 누구. 무엇. 이것. 저것.
장소, 시간과 관련된 말	여기. 저기. 어디? 오른쪽. 왼쪽. 똑바로. 이미. 아직. 이제. 지금. 언제? 얼마나? 많이. 무척. 조금. 약간. 더.
조동사 및 이유 관련 어휘	해야 된다. 해도 된다. 할 수 있다. 하고 싶다. 왜? 왜냐하면 -라서/-니까/-(이)므로.
'있다' 및 '-이다'에 해당하는 말	언어에 따라 다름. 예를 들어 영어라면 be동사.
수사	하나부터 열까지, 백까지. 요일, 달. 어제, 오늘, 내일.
주요 동사	떠나다. 도착하다. 오다. 가다. 시작하다. 끝나다. 먹다. 마시다. 찾다. 보다. 사다. 타다. 내리다. 갖다. 알다.
명사	상황에 따라 우선순위가 달라지므로 어려운 문제다. 관광객이라면 방, 침대, 욕실. 식당에서는 수프, 빵, 고기, 물, 맥주, 파스타. 물건 살 돈이 있다면 가리키기만 해도 된다. 상대가 알아들을 것이다.
기본적인 형용사	크다. 작다. 싸다. 비싸다. 춥다. 덥다. 좋다. 나쁘다.

물론 이 목록은 목적에 따라 늘어나거나 줄어들 수 있다. 이 중에서 과연 몇 가지 형태를 즉시 외국어 대응어로 표현할 수 있는지 확인하면서 놀이를 할 수도 있다.

안타깝게도 동사, 명사, 형용사 따위를 비롯해 실질적인 내용을 가진 품사보다도 유창하게 들리는 데 큰 역할을 하는 표현이 여럿 있다. 이것들은 자리 채우는 말filler 또는 허사exple-tive(형식형태소)라고 하는데 문장의 본질을 바꾸지 않은 채 보충만 해주기 때문이다.

이렇게 자리만 채우는 낱말은 많은 언어에서 '아마, 정말, 그러니까, 그런데, 그래서, 그렇지만, 이제, 아주, 막, 꽤, 주로, 물론, 아무튼······'이다. 이런 단어에 연결된 객관적인 개념이 없기 때문에 암기가 쉽지 않은데 그럼에도 이것들을 익히면 정말로 좋다.

자리만 채우는 낱말 이야기를 하고 있으니 자리만 채우는 '절節'도 잊지 말자. 보통 문장을 시작하는 표현으로, 언어라는 건물에 벽돌도 안 되는 존재이긴 하지만 언어의 기성품 석판이라고도 볼 수 있다. 조립된 형태로 필요한 장소까지 옮겨 곧장 회반죽을 바를 수 있다. 큰 이점이라면 평범한 이야기에서 중요한 이야기로 옮겨갈 때 도움이 된다는 것이다. 게다가 이것들은 기억 저 깊은 곳에 가라앉아 있던 표현을 다시 떠올릴 시간을 벌어준다. 그러면 내가 앞서 여러 번 언급했던 소리굽쇠를 때릴 수 있게 된다.

역시나 앞에서 짚고 넘어왔듯이 어른들은 아이들과는 달리 텍스트를 말 그대로 쉽게 혹은 적극적으로 배우지 않는다. 꽤나 긴 일관성 있는 글을 억지로 머릿속에 욱여넣기 싫어도 수줍어하지 말고 표현을 수집하여 말해라. 나는 언어마다 그런 표현을 적어놓은 공책이 따로 있다. 공책은 꾸준히 표현을 덧붙여가며 업데이트를 한다. 읽은 것뿐만 아니라 대화 상대에게서 배운 것들도 내 자료의 원천이다.

사실은: The fact is that…

특별히 지적하고 싶은 것은: I would like to specifically point out…

특히 고려할 점은: Let's consider especially…

그러고 보니 생각나는데: That reminds me,…

하지만 반면에: On the other hand, however,…

물론 나도 아는데: Of course I know that…

~라는 것도 맞는 말이다: It is also true that…

~일뿐더러, ~는 물론이고, ~는 말할 것도 없이: Not to mention…

잊지 말아야 할 것은: We should not forget that…

모아놓고 보면 이러한 문장 도입 표현들은 군더더기가 끈적끈적 달라붙어 거슬리는 느낌도 준다. 그러나 문장 앞에서는 윤활유로 쓰인다. 이것들은 메시지의 더욱 중요한 부분이 좀 더 부드럽게 전달되고 잘 받아들여지게 만드는 역할을 한다.

어쨌거나 독자들에게 말하고 싶은 바는 우리가 외국어를 다루고 있으며, 잘 알지 못하는 외국어의 언어 환경에서 아무튼 살아남았다는 것만으로도 기쁠 때가 있다는 것을 잊지 말아야 한다는 점이다.

나이와 언어 공부

먼저 두 가지 흔한 가설에 도전하며 이번 장을 시작해야한다. 첫 번째 가설은 아이들이 빼어난 언어 학습자라는 것인데, 이건 사실이 아니다.

헝가리의 언어학자 테르치 이슈트반Terts István에 따르면 어학 코스는 평균 600시간으로 구성된다. 평균적인 청소년이나 성인은 아마 그 정도 걸릴 것이다. 흔히 어린이는 언어를 더 빨리 배울 수 있다고 생각하는데 머릿속에 만들어진 기호 체계를 갈아치우지 않아도 된다는 이점 덕분이다. 그러나 유아기를 제외하고 하루에 깨어 있는 8시간씩을 계산해보면 아이는 5년이 걸려야 언어 학습의 첫 단계를 만족시킬 것이다. 이는 위에 인용된 평균 수업 시수의 거의 20배가 되는 시간이다. 학교에 다닐 준비가 되었는지를 가늠하기 위해 학교는 대개 어린아이가 자연스러운 환경에서 획득한 개인적인 지식을 엉성하게 측정한다.

개인적이라는 단어를 강조해야 하는데, 그 이유는 여섯 살짜리는 사실 개념과 카테고리를 잘 모르기 때문이다. 학교에 다닐 준비가 되었는지를 알 수 있는 방법으로 어린 후보자에게 고양이와 개 혹은 사과와 배의 이미지를 보여주는 것이 있다. 아이가 이미지를 인식하긴 하지만 자기가 본 것이 첫 번째는 동물이고 두 번째는 과일이란 걸 구분할 수 없다면 되도록 유치원에 1년 더 남아 있는 쪽이 낫다.

물론 우리는 연령과 언어 학습 사이의 관계를 좀 더 인내심 있게 고려해야 한다. 결국 언어 지식의 요소인 발음은 열 살이나 열한 살 이후에 익히기가 힘드니 말이다.

우리 시대의 가장 똑똑한 사람에 축에 드는 헨리 키신저Henry Kissinger가 주요한 예시이다. 열다섯 살에 뉴욕에 가서 15년 뒤에 스탠포드 대학교에서 강의를 하게 되었을 때, 그가 독일의 프랑켄 방언을 쓰는 지방 출신임을 어느 교수가 정확하게 집어냈다.

16개 언어를 배우고 부다페스트에서 반세기 넘게 살았지만 귀가 날카로운 사람들은 여전히 나의 모음 발음이 전형적인 버러녀Baranya 지방 토박이 말투임을 알아차린다.

청소년기는 어휘를 풍부하게 키우고 개념 인식 능력을 향상시키기에 가장 좋은 때다. 그러나 문법 학습은 요즘 커리큘럼에 정해진 방식대로 배우기보다 미루는 편이 낫다고 생각한다.

문법은 지적인 영역에서 가장 추상적인 분야이다. 난 이렇게 말하곤 한다. "나는 여격이나 주격보어보다 UFO를 먼저 보게 될 거야." 철자법을 배울 때 글자와 소리의 관계를 익히면 도움이 되지만 특정한 종류의 굴절 접미사와 파생 접미사를 명확히 가르칠 필요는 없다. 헝가리인은 모음동화 규칙의 설명을 들은 적이 없더라도 szobában이 아니라 szobában이라고 말할 것이다.[1] 모국어는 몹시 자연스러운 도구이며, 우리가 언어를 공부할 때 마치 들판이 들꽃에게 하는 역할을 한다.

하지만 외국어를 배울 때 문법은 촉매제가 될 수 있다. 헝가리어를 인내심 있게 공부하려는 외국인 학생이라면 모든 한정 형용사에 접미사 -ság/-ség가 붙어서 명사가 된다는 걸 알고 기쁘게 놀랄 것이다. 예를 들면 다음과 같다.

szép	아름다운	→	szép**ség**	아름다움
csúnya	못생긴	→	csúnya**ság**	못생김
gazdag	부유한	→	gazdag**ság**	부유

---

1 헝가리어는 접사 대부분에 둘 이상의 형태가 있는데(예를 들어 '~에'에 해당하는 -ban 및 -ben) 낱말의 전설모음 또는 후설모음에 따라 달라진다. 방을 뜻하는 szoba는 후설 모음이므로 뒤에 -ban 형태가 오게 된다.

| szegény | 가난한 | → | szegény**ség** | 가난 |

독일어를 배우는 학생은 헝가리어를 배우는 학생이 부러울 수도 있다. 위 낱말들의 독일어 동의어는 형용사를 명사로 바꾸는 데 네 가지 다른 접미사가 필요하기 때문이다.

schön	아름다운	→	Schön**heit**	아름다움
hässlich	못생긴	→	Hässlich**keit**	못생김
reich	부유한	→	Reich**tum**	부유
arm	가난한	→	Ar**mut**	가난

그렇지만 내 의견을 다시 한 번 강조하고 싶은데 몸소 깨달은 규칙이야말로 어학 교재나 교사가 떠먹여준 규칙보다 훨씬 더 깊이 뿌리내릴 것이다. 물론 똑같은 내용은 어휘에도 적용된다. 문맥에서 직접 해독해낸 표현은 새로운 지식 한 조각뿐 아니라 성취감이 된다. 이것은 모든 학습에서뿐만 아니라 인생 전체에서 성공으로 가는 열쇠가 될 수 있다.

***

나이와 언어 학습에서 잘못된 추측 두 번째는 바로 '나이가 들면 잊어버리기나 할 뿐 새로운 걸 배울 수 없다'는 태도이다. 이 말이 사실이라면 정말 슬플 것이다. 언어를 배우고 싶다고 생각해왔으나 젊은 시절은 쏜살같이 지나갔고 그 후로는 과로에 시달린 사람이라면 은퇴 이후야말로 자기가 정말 관심 있는 것을 원하는 속도대로 해볼 기회가 생기는 때다.

나는 노령이라는 용어 자체에도 불만이 있다. 좀 더 공손하게 프랑스어로는 세 번째 시대troisième âge, 영어로는 황금시대golden years라고 한다. 헝가리어로는 나는 십대들 말투가 더 좋다. "근데 영감님, 엊그제 프러디[2] 시합은 어떻게 생각하세요Na, öregem, mit szólsz a tegnapi Fradi-meccshez?"

의심의 여지 없이 노년의 기간은 점점 더 길어지고 있다.

1526년 모하치 전투[3]의 재앙 이후에 폐허가 된 나라의 운명을 풀어보려고 장로회가 소집되었을 때, 가장 나이 든 구성원은 마흔 살이었다.

히포크라테스는 45세 나이에 다다르자 젊은 제자들에게 '존경스러운 조상님'이라고 불렸다. 그건 그렇고 제자들보다 더 오래 살았는지도 모르겠다. 브리태니커 백과사전에 따르면 그는 기원전 3세기에 110세의 나이로 세상을 떠났다.

---

2   헝가리 리그 페렌츠바로시 TC 축구 클럽.
3   오스만 제국에 참패한 전투로 헝가리 역사에서 상징적 의미가 큰 사건.

의학의 발전 덕분에 소위 '지적 진공 상태'로 여겨지는 세월이 앞으로는 수십 년 더 길어질 수도 있다. 우리는 노년의 지적 기회를 어떻게 보아야 할까?

나는 열린 마음으로 생각한다. 나이가 들면서 세세한 기억력은 역시 흐려지겠지만 통찰력은 좀 더 넓어진다. 범주의 윤곽은 탄탄해지고 그 안의 개별적인 세부 내용은 예리함이 줄어든다.

노화가 진행되면서 논리적 연결이 없는 세세한 내용은 잊어버린다. 무엇보다도 이름이 그렇다. 이름을 기억해내지 못하는 일에 대한 농담도 여럿이다. 그렇게 깜박깜박하는 것에 작용하는 불안감은 바로 우리가 생각해내려고 기를 쓰던 그 이름이 한참 뒤에야 떠오르는 아이러니로 나타난다.

나이가 들면서 받아들일 수밖에 없는 단점으로부터 어떻게 우리 스스로를 지킬 수가 있을까? 첫째로 이름(낱말)을 무언가와 연결하는 것이다. 가장 원시적인 방법이 효과를 낼 수 있다. 이웃집 손녀 이름이 릴라Lilla라면 그 아이가 태어난 5월에 라일락이 핀다는 점과 연결하는 식이다.

앞서 나온 문장 도입 표현을 많이 쌓아놓으면 써먹기에 참 좋다. 내가 장담한다. 장대높이뛰기에서의 도움닫기 역할을 한다. 수평 막대를 넘을 추진력이다. 높이뛰기 선수는 모래판 위에 멈춰서 기합을 넣은 다음에 뛰는데 도움닫기가 없다면 공중으로 몸을 던지고 나서 분명히 바를 건드려서 떨어뜨리고 말

것이다. 근육을 준비시키듯이, 도입부에 불필요해 보이는 기합처럼 넣는 말이 마중물처럼 들어가야 뇌세포에 저장된 내용을 담은 말들이 펌프에서 나오게 된다. 언어의 영혼과 정수를 통찰하는 힘은 노년이 가지는 특권이다.

언어 학습에서 실패를 피하는 훌륭한 방법은 바로 독백 연습이다. 이 실내 놀이는 어휘를 풍부하게 하고 확고하게 만드는 유명한 학습법이 될지도 모른다. 비슷한말을 누가 더 많이 늘어놓나 하는 등이다. 내가 참여했던 가장 최근의 게임은 다음과 같았다. '술에 취한'이란 뜻의 영어 drunk의 동의어를 누가 가장 많이 알까, 가 주제였다. 나는 fuddled, tipsy, inebriated, high로 결승까지 진출했고 blotto, pifflicated, intoxicated로 낙승했다. 혼자만의 경기였으니 금메달은 따지 못했다. 로마로 향하는 심야 고속버스가 덜커덩거리는 바람에 잠이 오지 않아서 고안해낸 시합이었다.

사전은 목발인가,
우주인가

프랑스의 문필가 아나톨 프랑스Anatole France는 사전을 일컬어 '알파벳 순서로 정리된 우주'라고 했다. 고백하건대 기나긴 세월이 흘렀건만 사전을 손에 들 때마다 어쩔 수 없이 가슴이 두근거린다.

우리 업계는 운이 좋다. 사전으로 손을 뻗는 단 하나의 동작으로도 문제를 재빨리 해결할 수 있다. '조금만 기다려요' 해놓고 금방 원하는 걸 알게 된다. 신지학神智學에서부터 핵물리학까지, 다른 여러 분야에서는 질문 하나에 대답하기까지 얼마나 많은 시도와 토론이 이뤄지는지 생각해보자.

사전은 지식을 향한 목마름을 적셔줄 장기적인 수단이다. 그 안에 축적된 수천 개 단어들에 대해 두어 번 생각해볼 만하다.

언어 학습자들에게 말해주고 싶은 첫 번째는 사전을 이용하라는 것이다. 두 번째는 남용하지 말라는 것이다.

언어라는 자물쇠를 열 때 사전은 훌륭한 열쇠다. 학습자는 사전을 한 권 사서 훑어보고 페이지 귀퉁이가 다 접힐 만큼 써먹어야 한다. 영어로는 이런 상태를 well thumbed(손때가 묻은)라고 하는데, 책의 임자가 그 책이 주는 정보를 온전히 사용해 왔다는 의미이다.

사전 사용은 로마자가 아닌 문자를 익히는 가장 좋은 방법이기도 하다. 언어에 평균적인 흥미를 가진(언어 재능이란 게 따로 있다고 여기지 않다 보니 일부러 그 말은 안 썼다) 지인들조차도 러시아어 사전을 반나절 동안 본 뒤에는 국제적으로 통용되는 단어들을 바탕으로 키릴 문자의 '비밀'을 알아차린다. мотор(모터)는 뭘까? 아니면 Москва(모스크바)는? 그리고 만약에 호기심 때문에 ротор(회전자)나 самовар(사모바르)까지 갔다면 그 단어 뜻을 확인하고 기뻐서 평생토록 까먹지 않을 것이다.

사전을 이용하는 법을 익히는 것은 시간 면에 있어서도 학습자의 가장 급한 임무이다. 나는 중국어나 일본어의 한자 같은 '표의문자'를 다루는 사람들의 손에 곧장 사전을 쥐어줄 것이다. 그러고는 다시 빼앗을 텐데 다른 어학 학습자들에게서도 그럴 작정이다.

이제 막 외국어를 시작하는 단계라면 사전을 보면서 생각이 고무되지만 나중에는 생각이 멈춘다. 안타깝지만 사람은 생각을 하는 대신에 사전을 찾는 경향이 있다. 사용하기 쉽다는 점 덕분에 게을러지기 쉽다. 사전을 샀다면 그게 내 손에 있으니까 단어를 찾아볼 것이다. 단어의 뜻을 알아내려고 머리를 쥐어짜는 것보다 얼마나 간단한가!

하지만 가벼운 두뇌 활동이 없다면 배움도 없다. 언어를 다루는 초기 단계에서는 사전이 자극제가 될 수 있으나 나중에는 손쉬운 길을 택하는 동기가 될 뿐이다.

그렇다면 책을 읽을 때, 과제를 할 때, 작문을 할 때, 번역을 할 때 등등에 어떤 표현이 무슨 뜻인지 떠오르지 않으면 어째야 할까? 사전을 쓰지 말아야 할까? 그럴 때야 써야겠지만 현명하게 써야 한다.

사전에서 찾는 단어는 보통 어떤 식으로든 귓가에 아른거린다. 아, 헝가리어 szalag(리본)가 영어로 뭐더라? 헝가리어-영어 사전을 꺼내들고 단어를 찾는다. 짜증이 나서는 손바닥으로 이마를 때리면서 '그래, ribbon이었지!' 하면서 곧바로 잊어버리고 만다.

하지만 기억의 옅은 안개 속에서 끄집어내는 희미한 조각들부터 시작해서(ri…… ribb……) 반대 방향의 사전, 즉 영어-헝가리어 사전에서 확인하는 수고를 감수한다면 그 말을 딱 찾아냈을 때 기쁨의 불꽃이 탁탁 튀어, 그 단어가 머릿속에서 나갈 일이 없을 것이다. 시간은 두 배로 들지만 효과는 열 배 더 좋다.

외국어 지식이 아주 초보적인 수준이라도 단일어 사전 혹은 학습자용 이중언어 사전 가운데 어느 것을 쓰든 상관없다. 이를테면 러시아어 우샤코프Ушаков, 프랑스어 라루스Larousse, 영어 옥스퍼드Oxford, 독일어 두덴Duden 사전 등이 있다. 더 많은 노력을 들일수록 효과가 좋다는 원칙이 특히 여기에 적용된다.

'정확한'이라는 뜻을 지닌 헝가리어 pontos의 러시아어 대응어를 궁리한다고 가정해보자. 머릿속에 곧장 떠올랐던 аккуратный(정확한, 치밀한, 신중한)보다 더 나은 말이 있으리라는 생각이 든다. 헝가리어-러시아어 사전을 찾는 너무나도 쉬운 방법 대신, 러시아어 사전에서 аккуратный를 뒤진다면 한결 더 보람차다. 거기서 точный(정확한, 정밀한, 옳은)를 찾아내면 기억에 10배 더 효과적으로 남을 것이다.

오늘날의 사전은 아나톨 프랑스가 말했던 '우주'를 단순히 표제어에만 반영하지 않는다. 구와 예문이 담겨 있기에 분명히 읽기가 쉽다. 말뜻이 문맥에서 쉽게 밝혀진다. 사실 맥락을 통해 알려주는 것보다 좋은 방법은 없다.

좋은 사전은 각종 예문의 풍부한 보물창고다. 낱말을 하나만 덩그러니 놔두지 않고 다양한 문맥에서 보여주므로 기억하기가 더 쉽다. 똑같은 낱말이 새로운 구에 등장할 때마다 또 다른 방식으로 머릿속에 자리 잡을 것이다. 사전에서 제시한 문장은 학습할 가치가 있는 신뢰할 만한 구성단위가 된다. 반면에 단어 하나만으로는 믿을 만한 단위가 안 되는데 말뜻이 문맥에

좌우될 수 있기 때문이다. 또 상당히 긴 텍스트를 외우려고 들면 너무 양이 많다 보니 대개는 그냥 무턱대고 억지로 집어넣게 되므로 결과가 만족스럽지 못하다.

어떤 교재를 쓸까?

우리는 이 분야에서 어마어마한 발전을 이루었다. 헝가리 인들은 이제 현대 교육학적 원리를 기반으로 한 교재로 그 어떤 언어도 배울 수 있다.

헝가리 사람은 헝가리 사람이 만든 책으로 배워야 좋다. 이 건 광신적 국수주의에서 나온 주장이 아니라, 쓰는 언어가 다르면 외국어를 배울 때 직면하는 문제도 다르기 때문이다. 덴마크의 저명한 언어학자인 예스페르센Otto Jespersen은 이것을 알고 외국인이 영어를 말할 때 저지르는 오류를 국적에 따라 분류하였다.

나의 관점을 뒷받침해주는 사례를 들어보겠다. 해방[1] 이후

---

[1] 1945년에 소련이 헝가리를 독일로부터 해방시키고 그와 동시에 점령함.

헝가리에서 사용된 최초의 러시아어 교재는 포타포바Potapova의 책이었다. 그 책을 훑어보면서 나는 왜 이 책이 우리 헝가리인에게 지극히 자연스러운 어느 언어적 지점을 폭넓게 다루면서 어느 요소는 거의 건드리지도 않는지 궁금했다. 예를 들어 러시아어로 '어디где'는 '어디로куда'와 다르게 표현된다는 규칙을 가르치는 예문이 여럿이었다.[2] 왜 그렇게 당연한 사실을 다루는지 이해하지 못하다가 이 책이 원래는 프랑스인이 보도록 만들어졌음을 알게 되었다. 프랑스어는 '어디'와 '어디로' 둘 다 'où'를 쓰므로 헝가리인에게는 자연스럽고 달리 생각조차 안 해본 언어적 지점을 이 책이 강조한 것이다.

무슨 바람이 불었는지 외국 초등학교 교과서를 중학교나 대학교에서 외국어 교재로 쓰는데 실상 잘못된 일이다. 언어 지식의 관점에서 볼 때 성인 외국어 학습자는 모어를 익히는 어린아이와 같다는 말은 사실이지만, 깊이 들여다보면 다르다. 첫째, 초등학교 1학년 어린이는 글자 읽는 법을 배우려고 교과서를 공부한다. 둘째, 이런 교재는 문화적 맥락을 모르면 제대로

---

2   헝가리어는 어디(hol) 및 어디로(hová)가 나뉜다. 영어는 예컨대 Where are you?(위치) 및 "Where are you going?(방향)처럼 한 낱말로 나타낸다. 한국어는 "어디 있니?" 및 "어디 가니?"처럼 한 낱말만 써도 되고 '어디에'(위치) 혹은 '어디에/어디로'(방향)처럼 조사를 붙여 구별하기도 한다.

소화하기 힘들거나 쓸모없을 만큼 구식일지도 모른다.

　예컨대 헝가리어를 배우는 요즘의 폴란드, 러시아, 프랑스 학생이 "돼지 치는 목동은 뿔피리를 분다A kanász a tülökkel riog." 라는 문장을 본다면 어떻겠는가?

외국어로
대화하는 법

맨 처음 외국어로 대화를 할 때는 모어에서 외국어로 단어를 번역해서 말한다. 차츰 능숙해짐에 따라 외국어의 알맞은 꼴과 얼개에 지식을 곧바로 맞춰간다. 우리는 언어들 사이에서, 한 언어 안에서, 두 경우 모두에서 연결점을 만든다. 이러한 본능은 우리가 언어를 익히게끔 돕는 동시에 언어를 익히는 것을 더욱 어렵게 만든다.

청소년이나 성인이 처음으로 외국어를 공부하기 시작할 무렵이면 언어의 복잡성이 이미 머릿속에 자리 잡고 있다. 학습자는 아마 그것을 완전히 의식하지는 않겠지만 단수와 복수 형태부터 현재와 과거와 미래 시제의 개념, 행위와 사건의 차이, 생각이 표현으로 바뀌는 백 가지 다양한 방법까지 알고는 있을 것이다. 학습자는 새 언어를 공부할 때 이 지식으로부터 추론을 하게 된다.

예를 들어서 학습자는 '읽다'라는 동사가 다른 대부분의 언어에서 크게 보아 얼추 비슷한 방식으로 파생 또는 변화 형태를 갖는다는 점을 이해할 것이다.

한국어	읽다	읽기 (독서)	읽는 이 (독자)	읽었다/읽은
헝가리어	olvasni	olvasás	olvasó	olvasott
영어	to read	reading	reader	read
독일어	lesen	das Lesen	der Leser	gelesen
러시아어	читать	чтение	читатель	прочитанный
프랑스어	lire	la lecture	le lecteur	lu
......	......	......	......	......

언어들 사이의 서로 다른 형태를 인식하고, 한 언어 안에서 알맞게 단어를 활용하는 두 가지 활동으로 외국어라는 미로에서 방위를 살필 수 있게 된다.

만약 각각의 언어들이 동일한 법칙을 따르는 규칙적이고 고정된 체계라면 이러한 두 가지 기능이 우리의 모든 문제를 해결해주겠지만 안타깝게도 그렇지 않다. 여러 사람이 사용하면 필연적으로 변화가 생기게 마련이다.

언어는 수백만 가지의 목적으로 쓰이는 도구다. 자연스럽게 변화할 수밖에 없다. 의미가 뻗어나가고 낡아 없어지고 확장되고 줄어든다. 규칙적인 모양이 사라진다. 그리고 대부분의 사람들이 건드린 곳에서 모양을 잃는다. 바로 일상 어휘가 그렇다. 그리고 일상적인 어휘는 모든 언어 학습자가 반드시 다루어야 하는 부분이다.

평소에 많이 쓰는 기초 어휘일수록 불규칙적인 형태가 많다. 가장 자주 사용되는 영어 동사 do, take, go, come, eat, drink 따위를 보면 잘 드러나듯이 거의 대부분 불규칙 동사다.

모든 언어에서 필수적인 부분인 구어적 표현은 일상어로 만들어졌다는 점을 반드시 인식해야 한다. 입말은 대부분의 학술어나 전문어보다 배우기가 훨씬 어렵다. 해당 분야의 지식을 갖추고 용어를 안다면 기술 문서를 이해하기가 오히려 쉽지, 물한 잔을 달라고 제대로 말하거나 괜찮은 농담을 하기는 더 힘들다.

적어도 글쓰기만 보자면, 학문적이고 기술적인 표현은 대체로 국제 공통이고 쉽게 이해되는 편이다. 연역과 귀납을 통해서 의미를 가까이 따라잡을 수 있다. 이를테면 원형질 단백질의 분리를 다룬 문장이 상대적으로 번역하기가 쉽다. 표현이 국제적으로 통할뿐더러 문장의 구성도 규칙적인 패턴을 따른다. 그러나 "몇 시예요?"라고 물을 때의 헝가리어 표현을 직역해서 말하면 엄청나게 괴상할 것이다. 글자 그대로 옮기면 "Hány óra van?"은 '얼마나 많은 시간(óra는 단위로서의 시간 60분)이 있나요?' 그리고 "Mennyi az idő?"는 '시간(idő는 공간에 대비되는 시간)이 얼마나 되나요?'를 뜻한다.

독일어로는 '얼마나 늦습니까(Wie spät ist es)?', 프랑스어로는 '어떤 시간입니까(Quelle heure est-il)?', 러시아어로는 '어떤 시간(Который час)?', 영어로는 '시간이 무엇입니까(What is the time)?', 스웨덴어로는 '시계가 얼마나 됩니까(Hur mycket är klockan)?', 히브리어로는 '시각이 무엇입니까(Mah ha shaah)?'라고 말한다.

딴 기술을 익히는 사람보다 언어 학습자가 가는 길은 더욱 험난하다. 그렇게 길을 가다가 기존에 아는 것을 바탕으로 유추하다 보니 더욱 복잡하게 꼬이는데 언어학에서는 이것을 '전이', '간섭' 혹은 '언어간 연상'이라고 부른다.

공학이나 의학을 공부하는 사람은 이미 가지고 있는 지식을 억누르며 공부를 시작하지 않는다. 몸에 깊이 밴 '결함이 있는' 생각이 존재하지 않는다.

기존에 알고 있던 숫자 개념을 옆으로 치워두고 전혀 새로운 숫자 체계를 갖고 살아야 한다면 이런 과목들이 얼마나 달라질지 상상해보라. '2 더하기 2는 4'라는 생각을 멈추려면 얼마나 많은 시간과 에너지가 필요할까?

모어의 영향에 가장 방해받지 않는 것이 어휘 습득이다. 초

심자라고 해도 탁자는 스페인어로 탁자가 아니라 'mesa'이며 책은 '책'이 아니라 'libro'라는 것을 금세 이해할 것이다. 그러나 '탁자 위에 무엇이 있나요?'라는 질문의 경우는 조금 다르다. 스페인어를 배운 지 얼마 안 된 영어 화자라면 존재를 나타내는 문구인 'there is/are~'에서 '거기'라는 실질적 의미가 없는 'there'를 그대로 전이시켜, '탁자 위에 책이 있습니다'를 뜻하는 스페인어 'Hay un libro sobre la mesa' 대신 '거기'를 뜻하는 allí를 넣어 'Allí es un libro sobre la mesa'라고 잘못 대답할지도 모른다.

모국어 간섭은 잘 알려진 현상이다. 그러나 언어 교육자들은 여러 잘못된 추론이 학습자의 모국어에서 유래된 것이 아니라, 처음 익힌 외국어에서 왔다는 것을 별로 언급하지 않는다. 처음 외국어를 공부할 때 그 규칙을 의식적으로 기억하기 때문에 이런 일이 생기는 것이다. 제2외국어를 공부할 때면 이러한 규칙이 개입할 수 있다.

이를테면 영어를 배운 헝가리인의 머릿속에는 자음 [p], [t], [k]를 반드시 거센소리로 발음해야 한다고 각인되어 있다. 하지만 이걸 워낙에 잘 익혀놓은 나머지 프랑스어로 넘어갈 때 의식적으로 잊어야만 하는 이 규칙을 그대로 기억해서, 된소리로 발음해야 할 프랑스어 파열음을 영어처럼 거센소리로 잘못 발음하기도 한다. 모어인 헝가리어도 무성 파열음이 된소리임에도 오히려 제1외국어로 배운 영어의 특질을 제2외국어에 잘못 적용한 것이다. 발음이 올바르지 않으면 듣는 사람이 헷갈릴 수도 있다.

추론은 새로운 언어의 습득에 부정적인 영향을 줄지언정 우리 마음에 지식을 고정해주는 귀중한 수단이 될 수도 있다. 고정되지 않은 지식은 날아가버린다.

헝가리어는 동사에 붙는 접두사 meg-가 완료상을 나타내므로 똑같이 '배우다'를 뜻하는 말들이라도 tanulni(공부하는 과정에 있다)와 **meg**tanulni(배운 결과로 알게 되다)가 미묘하게 다르다. 이런 개념이 머릿속에 딱 자리를 잡고 있지 않다면 이 둘의 차이는 전혀 알 수가 없다.

공부하는 족족 머릿속에 그대로 남는다면 일단 시작하기만 해도 까먹지 않고 익히게 되겠지만 안타깝게도 그렇지가 않다. 단어나 문법 규칙을 읽는다고 해봐야 아직은 그 위를 미끄러져 갈 뿐이다. 온전히 제 것이 되지 않았으므로 필요할 때마다 마음껏 꺼내 쓸 수 있는 도구가 되지 못한 것이다. 다음에 다시 볼 때 그 내용을 알아볼 수 있다면 행운이다.

지식을 자리 잡게 하는 검증된 방법 중 하나가 '대조'다. 최신 교육학에서 아무리 이 방법을 천시해도 성인 학습자는 머릿속으로 대조를 할 것이다. 예를 들어 유럽 언어에서는 다음을 기억해야 한다.

- 독일어는 헝가리어나 영어와 달리 형용사와 수식되는 단어의 성과 수를 일치시킨다.
- 폴란드어는 러시아어와 달리 인칭대명사를 사용하지 않는데 동사 형태의 어미가 행위자를 명확히 가리키기 때문이다.
- 스페인어는 이탈리아어 및 프랑스어와 대조적으로 이동을 표현하는 동사의 완료형에서 ser보다는 조동사 haber와 짝짓는다.
- 영어는 헝가리어와 달리 현재 일어나는 행동을 표현하더라도, 그 시작이 과거라면 현재형이 아닌 현재완료형을 사용한다.[1]
- 러시아어는 헝가리어와 대조적으로 양을 표현하는 명사 뒤에 부분 생격[2]을 사용한다. 예를 들어, кусок хлеба(빵 한 조각. 빵이 주격으로 쓰일 땐 хлеб이다).

교육학적인 관점에서 볼 때 가장 가치 있는 실수는 자기가 직접 저지른 것이다. 오류를 저질렀다는 것을 스스로 알게 되거나 실수를 해서 비난을 받으면 뇌의 정서적 영역에서 궁금증,

---

[1] 영어 'He has been writing a letter for two hours'는 한국어로 '두 시간째 편지를 쓰고 있다'가 되듯(독일어 'Seit zwei Stunden schreibt er einen Brief', 스페인어 'Hace dos horas que escribe una carta'), 영어의 현재완료형은 다른 언어에서 현재 시제로 나타나는 경우가 많다.

[2] 러시아어에서, 명사·형용사·동사·수사·전치사와 결합하여 소속·한정·분량·결핍 따위의 대상을 나타내는 격.

짜증, 공격성이 일어난다. 이런 모든 것이 지식을 확실히 단단하게 만든다.

그러니 이제 실수에 화를 내지 말자. 가치 있는 것은 실수에서 많이 태어났다. 그중에는 프랑스어, 이탈리아어, 스페인어도 있다. 이 세 언어는 모두 민중이 사용하던 라틴어가 변하면서 발전되었다.

물론 전혀 새로운 언어를 만들어내서는 안 된다. 하지만 처음 시작한 언어(모어)와 새 언어의 특징을 비교함으로써 기존의 언어를 습득할 수 있다.

말의 정확한 형태와 부정확한 형태를 나란히 써놓으면 실수가 몸에 배는 것을 피할 수가 있다. 이것은 아주 중요하다. 이미 여러 번 얘기했지만 소리굽쇠는 반드시 명확하게 울려야 하는데, 그 이유는 거기에 맞춰서 단어나 문장을 확인해야 하기 때문이다. 그러한 연유로 자신의 부정확한 번역문이나 작문을 반복해서 읽고, 특히나 그걸 암송하는 일은 좋은 생각이 아니다. 완벽하고 정확한 텍스트만이 목적에 알맞다. 잘못된 형태를 여러 번 듣다 보면 그 소리가 귓속에 몰래 들어가서 연주회용 표준음으로 받아들여지고 만다.

외국어로 대화할 때
생기는 문제들

외국어를 배우려면 그 언어로 생각을 해야 한다는 말이 있는데 그걸 들을 때마다 편안한 느낌이 들지 않는다.

자기가 무슨 언어로 생각을 하는지 어떻게 분명하게 말할 수 있을까? 우리가 언제, 어떻게 극도로 복잡한 뇌 활동의 메커니즘을 관통할 수 있을까? 이러한 일들은 극단적인, 보통은 비극적인 환경에서만 생길 수 있다. 뇌의 특정한 부위에 손상을 입는 바람에 환자의 기억력 전체 혹은 일부가 무너져 내릴 때뿐이다.

뇌 병리학자는 뇌 손상으로 모어가 떨어져나가고 외국어가 남는 경우를 알고 있다. 또 다른 경우로 환자가 모국어의 동사는 잊어버리지만 명사는 기억하기도 한다. 과학 연구에 힘입어 사고와 발화의 과정에 대한 우리 지식이 더욱 명확해질 것이다.

지금까지 외국어 능력을 여러 가지와 비교해왔다. 이번에는 사진 찍기와 견주어보자. 아름다운 장미 한 송이를 사진으로 찍고 싶다고 꽃잎 한 장 한 장에 렌즈를 바짝 붙이고 사진을 찍을 사람은 아무도 없다. 대신에 일정한 거리를 두고 물러선다. 카메라 뷰파인더로 볼 때는 장미 전체 모습이 보이는 데 필요한 거리보다 더 멀리 가야 한다.

　단어를 하나하나 번역하려는 언어 학습자는 서툰 사진사와 똑같은 실수를 저지른다. 계속 비유적으로 설명하자면 사진에 찍히는 대상은 완전한 외국어의 형태(완전한 문장이나 구)를 취해야지 일부가 되어서는 안 된다.

＊＊＊

　앞서 말했듯이 언어에서 가장 확실하고 인용할 만한 부분은 어휘이다.

　"기억이 안 나요"의 공포는 외국어를 말할 때면 항상 우리 곁을 맴돈다. 하지만 겁을 먹고 모국어 주변만 뛰어다니다 보면("앗, 뭐라고 하더라?") 외국어 표현은 단 하나도 기억할 수가 없다. 연습과 단련을 거치면 머릿속에서 모국어 표현은 사라지고 도망 다니던 외국어와 함께 자주 짝을 지어 다니는 단어를 반짝 내보이는 수준에 다다를 수 있다.

외국어 강사로 일한 짧은 기간 동안에 나는 몇몇 학생을 놓고 실험의 의미로 '5년'이 수식어로 쓰일 때 러시아어로 어떻게 표현되는지를 질문했다. 헝가리어로 문제를 내자 학생들은 망설였다. 하지만 내가 러시아어 план(계획)이라는 단어로 도움을 주자 그들은 즉시 пятилетний(5년)라고 제대로 대답했다. 학생들은 이 낱말들을 함께 배웠다. 한 단어가 다른 단어를 떠올리게 도운 것이다.[1]

단어를 묶어서 익히기를 추천하는 데는 두 가지 목적이 있다. 첫째, 한 단어와 다른 단어와의 관계는 그 뜻을 더욱 잘 드러낸다. 둘째, 문맥을 통해 기억에 각인되면 필요할 때 그 단어가 더 잘 떠오른다.

끝없는 어휘 바다의 깊이를 봤다면 세상에 낱말의 짝이 얼마나 많은지 알고 깜짝 놀랄 것이다. 이런 낱말 짝을 최우선 과제로 배우기를 모든 학습자에게 진심으로 추천하고 싶다. 영어를 보기로 들자면 다음과 같다.

An obstacle is overcome.

A duty is fulfilled.

---

1 소련의 '국민 경제 5개년 계획'에서 연상한 것.

A news story is reported.

A role is played.

A standard of living is raised.

A demand is satisfied.

A message is delivered.

A condition is created.

A wall is built (or knocked down).

이런 낱말 짝을 익히면 특정한 주제로 이야기할 때 단어들이 카메라로 초점을 맞추듯 나타날 수 있다. 그러면 쉽게 이해되는 문장이 만들어진다.

낱말 짝이 하나도 떠오르지 않는다면 어떻게 할까? 유서 깊은 면책 조항을 사용하면 그만이다. "아는 건데 잠깐 기억이 안 나네요……"라고 말한 뒤에 비슷한 말을 하라. 그렇다. 완벽하지 않은 비슷한 말을 하는 것이 침묵하는 것보다 훨씬 낫다. 코스톨라니 말마따나 외국어로 말할 때는 언제나 타협을 염두에 둘 수밖에 없다.

동의어 외에 가장 도움이 되는 건 반의어다. daring, heroic, brave, courageous(겁이 없는, 영웅적인, 용감한, 용기가 있는) 같은 단어가 생각이 안 나면 not cowardly(겁이 많지 않은)라고 말하는 게 침묵하는 것보다 낫다. 또한 rigid, stiff(엄격한, 뻣뻣한) 대신에

not flexible(융통성이 없는)이라고 말할 수 있고 mild, listless(약한, 무기력한) 대신에 lacking dynamism(역동성이 부족한)이라고 말할 수도 있다.

만약에 유난히 컨디션이 안 좋고 이 방법이 도움이 되지 않는다면 최후의 수단이 있다. 바로 돌려 말하기다. 나는 동료 통역사 중 한 명을 이렇게 칭송한 적이 있다. "'멀리서도 향기로 드러나는 작고 소박한 꽃'이라고 말한 것이 정말 시적으로 들렸어요." 그러자 그 사람은 이렇게 대답했다. "이탈리아어로 '제비꽃'이 뭔지 잊어버려서 그렇게 말한 거예요."

동의어, 반의어, 돌려 말하기는 외국어로 처음 말문을 틀 때 친절한 도우미가 된다. 하지만 거기에는 적군과 함정도 도사리고 있다. 바로 거짓짝false friend(가짜동족어)이다. 어원이 같거나 형태가 유사해 겉으로는 의미가 똑같거나 비슷해 보이지만 실은 그렇지 않은 낱말을 부르는 이름이다.

거짓짝은 종종 일상어를 수반하기 때문에 집중해서 볼 가치가 있다. 그에 관련된 두 개의 일화를 소개한다.

세뇨르señor 곤살레스는 런던에서 주말을 보내고 싶었다. 여러 민박집 주소를 챙겨왔지만 런던 공원에서 밤을 보내야만 했다. 왜냐고? 민박집 대부분 현관에 'vacancy(빈방 있음)'라는 푯말이 붙어 있었지만 그걸 스페인어 'vacación(휴가, 방학)'으로 착각한 것이었다. 그래서 그런 푯말이 없는 문만 골라서 노크를 하다가 안타깝게도 죄다 거절만 당하고 말았다.

세비야에서 시뇨레 로시는 의사소통에 난항을 겪었다. 스페인어와 이탈리아어가 비슷한 것만 믿고는 아침 식사로 버터를 주문하려고 'burro'라고 말했다. 몇 차례 지연이 있은 뒤에 호텔에서는 아름답게 장식한 당나귀를 내오고 말았다! 이탈리아어 burro는 버터, 스페인어 burro는 당나귀다. 지나가는 말이지만 헝가리 사람이 카프리에서 아나카프리까지 당나귀를 타고 싶다면 헝가리어 szamár[서마르]라고 주문해도 아마 괜찮을 텐데, 실제로 이 말의 어원인 이탈리아어 somaro[소마로]가 발음도 비슷할 뿐 아니라 뜻도 당나귀이기 때문이다.

거짓짝은 훨씬 큰 문제도 일으켜왔다. 한번은 프랑스 사람이 회의에서 'demande'를 했다. 프랑스어 demande는 요청이라는 뜻이지만 이와 어원이 같은 영어 'demand'는 요구에 가깝다. 영국 대표는 이 무례함에 불쾌감을 느끼고는 즉시 거부권을 행사했다.

숫자는 만국 공통이니 적어도 수학의 세계에서만큼은 거짓짝이 없으리라고 흔히들 생각할지 모르겠다. 안타깝게도 그렇지는 않다. 여러 유럽 언어에서는 billion에 해당하는 말이

100만×100만, 즉 1조를 뜻하지만 미국에서는 100만×1,000, 즉 10억을 뜻한다. 다른 유럽 언어에서 10억은 milliard에 해당하는 말로 불린다. 영국 영어도 원래는 딴 유럽 언어와 같은 방식이었으나 이제는 주로 미국식을 따라 billion이 10억, trillion이 1조를 뜻한다.

호칭, 군과 경찰의 계급, 학교 종류 역시 나라마다 또는 언어마다 다르다. 헝가리어 akadémikus는 영어 academician과 비슷하게 대개 학술원 회원을 일컫는 반면 독일어 Akademiker는 대졸자다. 독일어 Hochschule는 대학이지만 어원과 얼개가 같은 미국 영어 high school은 고등학교를 말한다. 독일어 Gymnasium 및 헝가리어 gimnázium은 얼추 인문계 고등학교에 해당하는 반면 영어 gymnasium은 스포츠 시설을 의미하며, 이들은 모두 그리스어 γυμνός(벌거벗은), γυμνάζω(훈련/연습하다), γυμνάσιον(훈련/학교)에서 유래한다.

마드리드에 사는 친구의 부친이 차 사고를 당했다고 들어서 나는 전화로 부친의 건강을 물었다. 수화기 너머에서 들린 "Esperamos su muerte"를 '죽음을 바란다'는 말로 착각해 충격에 빠진 채로 전화를 끊었다. 잠시 뒤에 스페인어 동사 esperar가 프랑스어 espérer와 달리 '바라다'만이 아니라 '기다리다, 추측하다, 예상하다'도 뜻함을 깨달았다. 또한 스페인어 prematuramente jubilado는 영어 prematurely jubilated와 비슷하게 보이지만 너무 일찍 환호했다는 게 아니라 조기 은퇴했다는 뜻이다. 한편 헝가리어 cédula(쪽지, 증명서, 증서), 스페인어 cédula(서류, 증명서, 색인 카드)는 그렇게 뜻이 크게 다르지는 않음을 알고 안도의 한숨을 내쉬었다.

헝가리어 kokett는 내가 어렸을 때 영어 coquettish(애교 부리는, 아양 떠는)와 비슷한 뜻으로 쓰였다. 이 말의 어원인 프랑스어 coquet(te)는 '아양 떠는' 말고도 '멋 부리는, 말쑥한'도 의미해 외연이 넓고, 입말에서는 아예 강조의 수식어로도 쓰인다. 이를테면 une somme coquette는 '상당한 액수'를 말한다.

헝가리어 blamálja magát는 '바보짓하다, 망신당하다'인데 영어 to blames oneself는 '스스로를 탓하다'라서 영어에 짜증이 난다. 스페인어 compromiso는 '약속'이나 '약혼'뿐 아니라 '타협'이기도 해서 실망스럽다.

네덜란드인은 monster라는 단어를 조심해야 하는데, '괴물'이라는 영어 뜻과는 달리 표본, 견본, 시료 따위를 뜻하기 때문이다. 한편 네덜란드어 aandacht(조심, 주의)와 어원도 같고 철자도 매우 비슷한 독일어 Andacht(기도, 집중, 몰두)를 헷갈리지 않게 주의하려면 몰두해서 공부해야겠다. 포르투갈어 단어 importância는 중요성뿐 아니라 액수나 금액도 뜻하는데 번역하면서 문맥에서 알아차렸기에 망정이지 자칫하다 영어 importance처럼 '중요성'으로 잘못 옮길 뻔했다.

이탈리아 남자가 독일 여자에게 calda(따뜻한) 및 morbida(부드러운, 우아한)이라는 말로 찬사를 보낸다면 호감을 못 살지도 모르는데, 이탈리아어 calda는 독일어 kalt(차가운)와 비슷하게 들리고 morbida와 어원이 같은 독일어 morbid는 주로 '병적인, 병약한'을 뜻하기 때문이다. 프랑스 남자는 영국인 파트너에게 denture가 아름답다고 칭찬하면 곤란하다. 프랑스어 denture는 '치열'이지만 영어 denture는 '틀니'이다.

외국어로 대화나 작문 또는 번역을 하면 그걸 듣거나 읽는 상대방에게 메시지가 올바로 전달돼야 한다. 한 언어의 표현을 다른 언어로 그저 글자 그대로만 옮긴다면 제대로 된 말이 나올 리 만무하다. 우리가 우스꽝스러우리만치 낱말 하나하나의 뜻에만 집착한다면 독일 사람들은 싸우면서 발길질을 하고 따귀를 때리는 대신 발걸음을 옮기고 귀에 무화과를 준다고 오해를 살지도 모른다. 합성어의 구성 요소를 분석하면 독일어 Fußtritt는 발Fuß과 걸음Tritt이지만 '차기'나 '발길질'이라는 뜻이고, Ohrfeige는 귀Ohr와 무화과Feige이지만 '뺨 때리기'를 뜻한다.

번역과 관련된 흔한 일들을 얘기해보았다. 번역에서 생기는 다반사 중의 다반사는 바로 이렇다. "좋은 번역은 원문에 최대한 충실하면서도 그와 동시에 원래부터 도착 언어로 쓰인 것과 정확히 똑같은 인상을 안겨준다." 이 말을 조금 바꾸어 봐도 좋겠다. "전달(발화, 번역, 통역)이 잘되면 원래 말이 자아내려던 의도에서 한 치도 벗어나지 않는다."

하지만 이 정도로 전달하기를 원하는 사람은 때때로 멀리 가야 할 때도 있음을 알아두라. 헝가리 각료가 일본인 동료에게 마련해줬던 연회 자리에서 내가 통역사로 테이블에 앉았을 때 벌어진 일이다. 전채 요리로 생선이 나왔다. 일본 귀빈은 호의를 얻으려고 이렇게 말문을 열었다. "열여덟 살이 될 때까지 매일 저녁 게를 먹으면서 자랐기 때문에 노동 계급과의 유대감이 뿌리박혀 있죠."

내가 유머가 넘치는 사람이었다면 죽을 떠 넣던 숟가락이 입안에서 얼어붙었다고 적었을 것이다. 사실은 얼굴이 새파랗게 질려버렸다. 이 문장을 글자 그대로 옮긴다면 어리석은 실수가 되어버릴 터였다. 일본에서 프롤레타리아가 매일 먹는 음식이 헝가리의 미식 만찬 자리에 나온 것이다.

이 자리를 빌려 사전 편찬자 모두에게 사과해야겠다. 나는 이 신사의 문장을 이런 식으로 옮길 수밖에 없었다. "열여덟 살이 될 때까지 매일 저녁 밀가루 죽을 먹으면서 자랐기 때문에 노동 계급과의 유대감이 뿌리박혀 있죠."

내가 언어를
공부하는 방법

지금까지 이론을 설명했으니 이제부터 내가 어떻게 언어를 익히기 시작하는지 이야기해봐야겠다. 나보다 똑똑한 사람이 내가 알려준 학습 전략에 더욱 효과적인 다른 전략을 제안해서 덧붙일 수 있다면 좋겠다.

아질리아어를 배우고 싶다고 가정해보자. 물론 세상에 그런 언어는 없다. 어떤 언어를 익히든 내가 써먹는 일반적인 접근법을 강조하려고 그냥 꾸며낸 언어다. 일단은 두꺼운 아질리아어 사전 한 권을 구한다. 인생관이 낙천적인 덕분에 나는 작은 사전을 산 적이 없다. 사전이 작으면 너무 빨리 다 파악하고 마니까 돈 낭비라고 생각하는 것이다. 아질리아어-헝가리어 사전이 없다면 아질리아어-영어, 아질리아어-러시아어 등등의 사전을 구한다.

처음에는 이 사전을 교재로 사용한다. 거기서 글자 읽는 법을 익힌다. 고유명사라든가 국제적으로 공통적인 전문용어처럼 언어를 가리지 않고 통용되는 표현은 사전이 크면 클수록 더 많이 나온다.

이처럼 개별 언어 사이에 비교적 일정하게 차이를 보이는 나라와 도시 이름이나 과학 용어들을 보면 아질리아어의 글자-음소 관계를 알아채는 데 도움이 된다. 1941년에 산 러시아어-영어 사전에서 맨 처음 찾아본 단어는 바로 내 헝가리어 이름 커토에 해당하는 러시아어 이름 예카테리나다.

나는 사전을 보면서 단어를 외우지는 않는다. 마치 가로세로 낱말퍼즐을 풀듯이 그냥 훑어보고 찬찬히 읽는다. 앞서 말한 국제적인 단어에서 글자 읽기 규칙을 주워 모을 때쯤이면 사전 속 아질리아어의 다른 여러 요소가 눈에 들어왔을 것이다. 예컨대 관사를 어떻게 바꾸는지 알게 되고 동명사 만드는 법, 명사에서 파생한 형용사의 형태, 형용사에서 온 부사의 형태를 알 수 있다. 이것은 언어의 첫술에서 느끼는 맛에 불과하다. 나는 언어의 맛을 시식하고 그 언어와 친해진다.

첫 시식 이후에는 교재와 아질리아어 문학 작품을 산다. 교재는 항상 연습문제 정답이 달려 있는 것을 사는데 그게 나 같은 언어 학습자, 그러니까 대체로 독학을 하는 사람에게 알맞다.

교재 내용을 차근차근 밟아가면서 책에 나오는 순서대로 연습문제를 모두 푼다. 자신 있게 답을 적으면서 틀린 걸 고쳐

쓸 자리도 충분히 남긴다. 그다음 해답지의 정답을 찾아보고 내가 쓴 오답의 옆이나 위에 정답을 적는다. 이렇게 하면 '내 어리석음의 역사'를 한눈에 볼 수 있게 된다.

오류를 저지르면 나를 꾸짖고는 곧바로 용서해준다. (이건 굉장히 중요하다. 200쪽의 열 번째 계명을 보라.) 난 언제나 공책에 틀린 단어나 문장 대여섯 개를 적을 만한 여백을 남겨놓는다. 올바른 공식을 각인하는 데 굉장히 도움이 된다.

이런 과정이 조금 지루하다 보니 나는 처음부터 아질리아어로 된 희곡이나 단편 소설을 읽기 시작한다. 운이 좋으면 수준에 맞게 각색된 책도 구할 수 있을 것이다. 운이 없다면 그냥 1950년대 이전에 출간된 문학으로 아무거나 시작한다. 내 경우 현대 소설 문체는 헝가리어 책도 이해하기가 힘들기 때문이다. 난 언제나 책을 두 권씩 산다. 그러면 최소한 한 권은 이해할 확률이 높아진다.

나는 이해할 만한 소설에 곧장 돌입한다. 전혀 못 알아먹다가 절반쯤 머리에 들어오다가 드디어 완전히 이해하는 과정을 순차적으로 겪는 것은 흥미진진하고도 영감이 솟아나는 여정이다. 성숙한 인간이 한 번쯤 영혼을 쏟을 만한 일이다. 이 여행을 끝내고 나면 유익하고도 재미나는 모험이었다는 마음으로 이 책과 작별 인사를 나눈다.

책을 맨 처음 읽을 때는 이해한 낱말들을 공책에 적는다.

즉 문맥으로 뜻을 짐작할 수 있는 단어들이다. 자연히 단어만 달랑 적는 게 아니라 문장으로 적는다. 모르는 단어를 찾아보는 것은 두 번째나 세 번째 읽을 때의 일이다. 그때도 단어를 모두 찾지는 않는다. 공책에 적으면서 책 속의 맥락이나 최근에 나온 현대어 사전의 예문도 함께 적어둔다.

하지만 아무리 이런 작업을 해도 언어 학습의 네 가지 가장 중요한 요소들 중 하나인 '구어 이해력'이 저절로 늘지는 않는다. 게다가 나는 아직 아질리아어가 어떻게 발음되는지 정확한 그림이 그려지지 않는다. 교재에 나오는 발음은 항상 미심쩍은 데가 있기 때문이다. 그런 이유로 나는 언어 학습의 초기 단계에서 아질리아어 방송을 탐색하는 시간을 따로 낸다. 몇 시에 어느 주파수에서 아질리아어 라디오 연설을 들을 수 있는지 알아낸다. 언젠가 어딘가에서 둘 중 하나를 구할 수 있으리라 확신한다.

뉴스 방송은 보통 전 세계에서 그날 일어난 가장 중요한 사건을 보여준다. 물론 뉴스 기사는 아질리아 사람들의 흥미에 맞게 취사선택됐겠지만 그건 다른 방송사, 다른 언어도 마찬가지일 것이다. 그래서 나는 항상 익숙한 언어로 된 다른 뉴스도 듣는다. 그렇게 해서 무슨 내용이 나올지 미리 예측할 수 있는 (거의 사전과 같은) 열쇠를 얻는다. 기사 중에 모르는 단어가 나오면 그걸 적어놓는다. 방송이 끝나자마자 커다란 사전에서 뜻을 찾아본다. 방송 직후에는 그 단어가 여전히 전체 문맥과 함께 귓가에서 울려 퍼지고 있기 때문에 이렇게 한다. 여러 번 있는 일이지만 내가 잘못 들었더라도 그 문맥은 여전히 기억나므로 오류를 고치는 데 도움이 된다.

사전에서 그 단어를 찾아내면 조용히 자축을 하는데 이렇게 하면 언어 학습이 부담스러운 과업이 아니라 즐거운 여가 활동이 된다.

방송에서 얻은 지식은 곧바로 기록하는 게 아니라 하루나 이틀 뒤에 나만의 단어 사전에 기록한다. 내가 추천하는 방식이다. 이렇게 시차를 두어야 사라져가는 기억이 억지로라도 되살아나기 때문이다. 기억이 사라지는 거야 안타깝지만 어쩔 수 없는 일이고 나중에 또 찾아보면 된다.

일주일에 한 번씩은 방송을 녹음한다. 그 녹음 내용을 한동안 갖고 있으면서 여러 차례 반복해서 듣는다. 이렇게 하면서 늘 발음에 집중한다. 애석하게도 아나운서의 원어민 발음을 듣다 보면, 이미 책에서 만난 낱말인 줄 알았는데 다시 보니 엉뚱한 것일 때도 결코 드물지 않다.

물론 아질리아어를 구사하는 선생님을 구하려고 돌아다닌다. 전문적인 교육자를 찾아내면 더할 나위 없이 좋다. 제대로 된 선생님을 못 찾으면 헝가리에 장학생으로 온 아질리아 사람이라도 찾으려고 노력한다.

*　*　*

나는 솔직히 여자 선생님에게 배우는 쪽을 더 선호한다. 아마도 여자와 대화를 하는 게 더 쉽기 때문일 것이다. 나는 어째서 여자가 남자보다 더 말이 많은지 의문을 항상 품어왔다.

이 사실과 관련해서 여자 언어 대 남자 언어의 문제점을 조금 이론화해보겠다.

사람들은 여자가 입이 더 가볍다고들 말한다. 고고학 책에서 읽은 바로는 여자의 뼈대가 좀 더 연약하며, 정교하게 다듬어진 턱뼈와 더 넓은 엉덩이뼈가 그 특징이라고 한다. 세계 어디서나 보통은 여자의 말하는 속도가 남자보다 빠른 게 사실이다. 미국의 언어학자 마리오 페이Mario Pei의 조사에 따르면 평균적인 미국인 기준으로 남성은 분당 150음절을 말하는 반면에 여성은 분당 175음절을 말한다. 여자가 말이 더 많다는 사실에 기반을 둔 농담과 클리셰와 코미디 공연은 셀 수 없이 많다. 이러한 '말의 인플레이션'은 여자의 나이와 사회적 지위에 따라 많은 언어에서 여러 방식으로 표현된다.

예컨대 흔히들 여자아이는 종알대고, 학교에 다니는 소녀는 까르르까르르 떠들고, 아가씨는 재잘대고, 아줌마는 수다를 떨고, 할머니는 노파심에 잔소리를 한다는 식으로 말한다.

말수 이야기와 관련해서 '남자는 말 한마디, 여자는 사전한 권Ein Mann ein Wort; eine Frau ein Wörterbuch'이라는 독일어 경구에 내 생각을 덧붙여보겠다.

선사시대에는 들소를 죽여야 먹고살 수 있었다. 몸집이 더 튼튼한 남자가 먹을거리를 구해오고 여자는 집에 있는 게 자연스러웠다. 임신과 육아가 여자의 삶에서 많은 부분을 차지한 건 말할 것도 없고 가임기가 끝날 때까지 살아남기도 힘들었다. 이는 천천히 바뀌었다. 20세기로 넘어올 때조차도 여성의 평균 기대 수명은 겨우 쉰 살이었다.

오늘날 우리는 뇌가 구분되어 있다는 것을 알고 있다. 두 개의 반구 모양인 뇌에는 특정하게 역할이 분담되어 있다. 우뇌는 움직임, 좌뇌는 언어 능력과 구두 활동과 연관이 있다고 한다. 여자의 우뇌가 그다지 발달하지 않은 것은 놀라운 일이 아니다. 대체로 여자가 덜 움직였기 때문이다. 그와 동시에 좌뇌의 중요성이 커졌다. 세계적으로 통역사의 75퍼센트가 여자다.

한자는 그림문자로 뜻을 나타내기도 한다. '사람'을 뜻하는 상형문자는 '人'인데 동물계에서 벗어나 윗몸을 세우고 두 다리와 두 발로 걷는 사람을 나타낸다. 반면에 '여자'는 '女'이다. 여자는 앉아 있고 걸어 다니지 않는다. 움직임에 대한 요구와 기회가 줄어든 결과 여자의 공간 인식 능력은 퇴보했다. 이에 맞추어 흥미의 영역도 그 반경이 짧아졌다. 바로 곁에 있는 환경, 즉 사람들에게로 좁혀진 것이다. 카메라를 생각해보자. 멀리 있는 풍경보다 근처 물체에 초점을 맞출 때 조리개를 줄인다. 시야가 짧아지면서 개인적인 관계를 더욱이 친밀하게 따르고 상대의 패턴을 좀 더 즉각적으로 인지하며 거기에 맞춰 더욱 빈번히 대화한다.

여자는 말과 더욱 가까운 관계를 가진다. 그런 까닭에 여성 작가의 증가는 논리에 맞는 일이다. 흥미롭게도 픽션 분야에서 여성 작가의 중요성이 점점 커진다. 감정을 간결하면서도 응축해서 표현해야 하는 시보다는 산문과 같은 장르와 좀 더 잘 어울린다고 생각한다. 훌륭한 헝가리 여성 시인들에게 외람된 말일지 모르겠지만.

헝가리의 작가이자 번역가이며 편집자인 버요미 라자르 엔드레Bajomi Lázár Endre가 1982년 작성한 '프랑스 책 시장 보고서'를 인용해보겠다. 여자와 남자 저자의 비율은 4대 2였다. 그 이전에도 여성들이 더 말이 많았음에도 불구하고 겨우 20세기가 지나서야 픽션 장르에서 여성이 우세해진 이유는 설명하기 쉽다. 글쓰기는 제인 오스틴의 시대조차도 신분이 높은 세련된 숙녀의 직업으로는 부적절하다고 여겨졌다. 오스틴은 항상 모슬린 스카프를 곁에 두었다가 누군가 다가올 때면 원고 위로 슬쩍 던져놓았다.

여자는 남자보다 말을 많이도 하지만 다르게도 한다. 잘 알려진 언어(프랑스어나 러시아어 등)이든 덜 알려진 언어(몽골어 다르하드 방언, 시베리아 축치어, 북아메리카 코아사티어)이든 연구자들의 탐구에서 얻은 경험을 여기에 나열하면 내 책의 일관된 분위기를 해치게 될 것이다. 일반적으로 여자의 말이 좀 더 길게 늘어진 것처럼 들린다는 경향을 말하고 싶다. 모음을 길게 빼기 때문이다. 이런 어조는 특히 감정을 실을 때 알맞다.

반면에 남자들은 좀 더 직선적인 말을 발화하는 경향이 있다. 영국과 미국 광고의 주인공은 대개 남성이다. 그들의 입에서 위엄 있는 문장이 나오면 더욱 명백하고 절대적으로 들린다.

사회적 엘리트들은 간결하지 않은 말투를 업신여겼는데, 남자답지 못하며 여자 같다고 여겼다. 신중하고 세련된 행동을 목표로 하면서 간결한 말투로 말했다. 프랑스어 단어 beau(아름다운, 잘생긴)는 [보]라고 짧게 발음이 되는데, 마치 멋지게 들리도록 발음하려다가 그렇게 된 것 같기도 하다.

여성적 언어의 또 다른 특징은 자음을 치찰음 /ʃ, s, z/에 가깝게 바꾸는 것으로 발화의 어조에 살짝 영향을 미친다. 이러한 음성적 변화는 패션에서와 똑같은 역할을 한다고 생각한다. 바로 여성성을 강조하는 것이다. 남성은 해부학적 구조 덕에 목소리가 더 낮다. 오늘날의 유니섹스unisex 패션은 성적인 차이를 강조하지 않을지 모르지만, 난 청바지와 티셔츠 차림의 머리가 짧은 젊은 여자들이 남자가 나타나면 본능적으로 더 높은 어조로 얘기하기 시작하는 것을 들은 적이 있다.

여성적 발화 패턴의 또 다른 특징적 요소는 후설모음 /a, o, u/를 전설모음 /e, i/ 따위로 바꾸는 것이다. 이러한 모음 특질의 변화로 인해 중첩어가 생겨났다. 이런 낱말들은 여러 언어에서 전설모음 다음에 후설모음이 오듯이 비슷한 경향을 보이는데 나는 여기서 어떤 규칙이 작용하는지는 잘 모르겠다. 이를테면 다음과 같은 중첩어가 있다. 영어 zigzag(지그재그, 갈지자), teeny-tiny(10대 초반 여자아이), knickknack(자질구레한 장식품), bric-a-brac(자그마한 장식품), fiddle-faddle(실없는 짓), mish-mash(뒤죽박죽), pitter-patter(빗소리 후드득후드득, 발소리 후다닥후다닥), tittle-tattle(잡담), 독일어 Tingeltangel(싸구려 술집), Mischmasch(뒤죽박죽), 프랑스어 clopin-clopant(절뚝절뚝), cahin-caha(그럭저럭, 근근이) 등을 비롯해 적지 않다.

여성적인 발화는 구문 수준에서도 고양된 감정의 강조가 특징적으로 나타난다. 형용사가 더 많고 최상급이 더욱 빈번하게 사용된다. 영어의 경우 'well(글쎄, 저, 그런데, 그럼)', 'of course(물론)', 'still(그래도)', 'yet(그렇지만)', 'only(그냥, 만)', 'also(역시, ~도)', 'on the contrary(반면)', 'I tell you(정말이야, ~던데, ~던걸, ~라니까)' 따위의 허사가 남성적 발화의 경우보다 더욱 큰 비중을 차지하는 경향이 있다. 사실 나는 어떤 언어를 공부하는 학생에게든 이렇게 담화의 내용을 희석시키는 요소들을 알아두는 것은 좋지만 열심히 익히라고는 권하지는 않는다.

이런 말들은 '무시할 만큼 작더라도 무시할 수는 없는데' 숨을 고를 작은 공간을 주고 문장에서 더욱 중요한 요소를 떠올릴 수 있게 해주기 때문이다.

내 권고 사항은 군더더기 말뿐만 아니라 뼈대 표현에도 적용된다. 그런 표현을 수집하고 사용하라! 오직 여성들만 "The situation is that(상황이 어떠냐면)…" 혹은 "What can I say(뭐라 말할지)…" 같은 표현을 쓰는 시대가 있었다. 최근에는 남성의 담화에서도 이런 말이 나타나고 있다. 우리는 여성적인 표현 방식이 소위 더 강한 성이라는 남성들 사이에서 자리를 잡을 거라고 예측할 수 있을까? 언어를 자녀에게 전달하는 것은 대체로 여성이기 때문에 정말 그렇게 된다고 해도 그리 놀라운 일은 아니다.

***

나의 언어 학습 방법으로 돌아가서 내가 아질리아어 교사에게 기대하는 것은 책이나 라디오에서 얻을 수 없는 것이다. 일단 선생님에게 문맥에서 최대한 많은 단어를 감지할 수 있도록 평균 속도보다 더 느리게 말해달라고 부탁한다. 그리고 내가 매 시간 부지런히 준비해가는 쓰기 과제를 바탕으로 해서 나의 아질리아어를 교정해주기를 기대한다.

처음에는 자유롭게 작문을 하는데 그게 더 쉽기 때문이다. 이런 작문은 종종 일관성 없는 텍스트, 서로 연결이 되지 않는 요소로 만들어진 문장들, 내가 갓 보거나 들은 새로운 단어와 문법적인 표현을 쓰려고 적어놓은 느슨한 문장뿐이다. 선생님의 교정본을 읽으면서 내가 의미와 기능을 제대로 이해한 것인지 확인한다. 더욱 높은 지식 단계에 도달하면 번역을 시작한다. 이 단계가 되면 그냥 잘 훈련받은 공식만으로는 주어진 텍스트를 옮길 수 없으며, 번역이라는 분야에 공식처럼 정해진 답이 없음을 알게 된다.

실수를 교정받지 않으면 굉장히 위험하다. 잘못된 공식을 되풀이하다 보면 그게 머릿속에 뿌리를 내리게 되고, 그게 옳다고 받아들이고 싶어진다. 대개들 귀로 듣기만 하면 대강 넘어가지는 오류도 글로 적은 번역문에서는 사정없이 집어낸다. 이는 내가 했던 번역을 '교정받으면서' 알게 된 것이다.

나는 수년간 부다페스트에 온 중국인 손님들을 수행했다. 회쇠크 광장은 관광 프로그램에서 절대 빠지는 일이 없었다. 이 투어 코스를 지나면서 나는 광장 중심에 놓인 화환들이 무명 군인의 묘에 놓인 것이라고 쉰 번쯤 반복해서 말했던 듯싶다. 나는 무명용사나 영웅이라는 단어 대신 '무명 군인'을 중국어로 직역해서 말했다. 아무도 내 말을 고쳐주지 않았다. 손님들은 언어 선생님이 아니다. 얼마 지나지 않아서 나는 헝가리 여행안내 책자를 중국어로 번역하는 업무를 맡았다. 수년이 지나고 베이징에서 그 책자 한 권을 받았을 때 나의 번역문이 편집된 것을 발견했다. 무명 군인 부분을 편집자가 무명영웅으로 고쳐놓았다.[1]

*　*　*

그럼 선생님 외에는 누가 언어 실수를 고쳐주리라고 기대할 수 있을까? 내 경험으로는 소수 언어 화자라면 그런 노릇을 해줄 것이다. 자기들의 언어를 외국인이 말한다는 것 자체가 여전히 진기한 일이기 때문이다. 아마도 선교사와 같은 열정으로 언어 실수가 하나 나올 때마다 기민하게 알려줄지도 모르겠다.

몇 년 전에 잉글랜드에서 아주 다정하고 교양 있는 통역사 동료들과 일을 할 기회가 있었다. 소개하는 순간부터 나는 동료들에게 혹시라도 내가 영어로 말하다가 실수를 저지르면 바로잡아달라고 부탁했다. 3주 뒤에 우리가 헤어질 때 그 사람들이 내가 범했을 오류를 단 한 번도 고쳐주지 않았기에 좀 투덜댔다. 내가 실수를 한 번도 안 저지른 걸까? "오, 실수는 당연히

1　중국어에는 무명 군인이라는 단어는 없지만, 무명용사(无名冢)라는 단어가 있으며 무명영웅(无名英雄)이라고도 쓴다.

했죠." 어깨를 으쓱하며 이런 대답이 들려왔다. "하지만 말이에요. 우리는 그런 게 워낙 익숙해서 자동으로 오류를 고치는 메커니즘이 귀에 발달돼 있어요. 고쳐진 형태만이 우리 뇌에 가서 닿지요."

이와 정반대되는 재미있는 일화도 있다. 이웃 나라의 주요 정치인이 외국 내빈 몇 백 명을 초대해 저녁 파티를 열었다. 안타깝게도 자기 모어로 개회 건배사를 했는데, 이럴 수가, 내가 자신 있게 구사하는 언어가 아니었다. 건배사를 통역하는 도중에 파티 주최자가 내 말을 끊고서 오류를 저질렀다고 말해주는 바람에 잊을 수 없이 달콤한 추억이 생겼다. 이유를 설명하더니 내가 뭐라고 말했어야 옳은지도 얘기해주었다. 난 그 정치인이 하는 말을 열심히 들었다. 용감하게 헝가리어를 배운 사람들에게 어떻게 말하는지를 가르칠 기회가 생긴다면 나 역시도 절대로 놓치지 않을 것이기 때문이다.

작문을 하면서 외국어를 배우면 대화를 나누는 것보다 커다란 이점이 있다. 외국어를 말하는 것은 연습의 문제이고 실수가 반드시 나올 것이다. 안타깝게도 지적知的으로 자신감이 넘치는 사람은 오히려 실수를 저지르거나 지적을 받으면 받아들이기 힘들어한다. 그러다 보니 도리어 말하는 걸 꺼릴 수도 있다. 20세기 헝가리 작가 네메트 라슬로Németh László가 말했듯이 "제대로 아는 사람이라면 아는 것만 말하려 한다." 번역에는 이런 문제가 존재하지 않는다. 지식을 즉각적으로 보여줄 필요가 없으며 보통은 실수를 피할 시간과 자원이 있다.

* * *

아질리아어를 어떻게 통달할지 내가 심사숙고해서 쓴 글을 다 읽을 만큼 참을성이 있다면, 어쩌면 두 가지가 빠졌다는 것을 알아차렸을지 모른다. 쓸모 있는 언어 학습서라면 이제 이런 말이 나올 것이다. "아질리아의 역사, 지리, 사회, 정치, 경제에 최대한 철저하게 익숙해지려고 노력합시다."

그러한 공부는 방해가 되지 않으며 포괄적이고 정확한 언어 지식을 지니고 싶다는 우리 목표에 더욱 가까이 가도록 도움을 준다. 그럼에도 내가 이 주제에 대해 쓰는 데 머뭇거림이 있다면 이런 접근법이 종종 남용되기 때문일 것이다.

학습자의 모어로 진행되는 아질리아의 역사, 정치, 경제 등의 강의를 듣거나 하러 가는 것은 이런 과목을 배우거나 가르치는 데 알맞은 아질리아어 어휘와 문법으로 스스로를 혹은 자기 학생들을 괴롭히는 것보다 훨씬 간단한 일이다.

수년 전에 과학자들은 두 가지 원초적인 본능을 이야기했다. 바로 배고픔 충동Hungertrieb 및 사랑 충동Liebestrieb이다. 오늘날의 철학자들이라면 여행 충동Reisetrieb도 고찰 대상에서 빼놓으면 안 되겠다. 여행의 욕구는 다른 일을 추동하는 힘으로도 바뀌었다. 동유럽 사람들의 경우 제2차 세계대전과 그 뒤의 공산 정권 치하에서 있었던 여행 제한으로 이러한 현상이 생겨났다. 앞의 두 가지 충동Trieb도 해소가 되지 않으면 다른 일을 일으키도록 작용한다.

나에게도 비슷한 본능이 있다. '이런저런 아무 협회'가 아질리아 수도 아질빌에서 연례 회의를 개최한다는 소식을 들으면 이렇게 대단한 국제적 주요 행사에는 반드시 헝가리에서도 참가자를 보내야 한다면서 상사를 설득하려고 내가 가진 모든 힘을 총동원한다. 본능에 충실한 아무개 올림.

혹시 내 계획대로 되지 않더라도 시간을 조금 날렸을 따름이다. 그리고 도대체 '이런저런 아무 협회'가 뭐 하는 곳인지 알아내려고 여러 백과사전을 뒤진 수고 정도뿐이리라.

만약 아질빌로 출장을 가도 좋다는 허락을 받는 데 성공하면 이 여행이 내 아질리아어 구사 능력에 두 가지 요소가 영향을 미칠 것이다. 내가 얼마나 잘 관찰을 하느냐와 얼마나 화자의 말을 기록하느냐. 그리고 여행 이전에 내가 갖춘 아질리아어 지식이 얼마나 되느냐에 따라 좌우되기도 한다.

그저 외국에 머무른다고만 해서 그곳의 언어를 흡수할 수 있을 거라는 생각은 엄청난 착각이다. 나는 '돌들이 말한다Saxa loquuntur'라는 라틴어 격언을 사람들이 오해했다고 생각한다.

집, 벽, 건물 들은 우리에게 뭔가를 직접 가르쳐주지 않는다. 사람들이 그걸 보고서 역사의 한 귀퉁이를 짐작할 수 있을 뿐이다. 그것들이 말을 할 수는 있겠지만, 돌처럼 굳어버린 말일 뿐이다. 현지인에게서도 구어체와 관용어구나 멋들어진 표현 방식 몇 가지를 배울 수야 있겠지만 보통은 같은 기간 동안에 자기 집에서 부지런하게 공부해서 어쨌든 얻을 수 있었을 양보다 딱히 더 많지는 않다.

아질리아에 망명한 동포와 모어로 추억담을 나누거나("혹시 6학년 B반 셔너러 아직도 기억하니?") 자기 나라 가게들과 뭐가 다른지 견줘보려고 아이쇼핑[2]을 하는 것은 아질리아어 실력을 늘리는 데 아무런 도움도 안 될 테지만 아질리아 말을 자주 듣는다면 도움이 될 것이다. 지역 신문에는 보통 어느 박물관이나 갤러리에서 가이드 투어를 하는지 정보가 실린다. 또한 대중 과학 교육 협회라든가 학습자가 관심이 있는 어느 협회든지 아질리아 지부가 있을 게 분명하다. 그런 데서는 보통 대중에게 무료 강좌를 제공한다. 나는 외국에 나갈 때마다 이 모든 형태의 행사에 자주 들락날락하고 매번 자세하게 필기를 해온다.

2   원서의 독일어 'Schaufensterlecken'은 프랑스어 lèche-vitrine(가게 창문 핥기라는 뜻)의 번역어고 원래 독일어는 'Schaufensterbummel'이다. 한국어 '아이쇼핑'은 영어 window-shopping에 해당하는 콩글리시다.

영화를 보러 가는 것도 얼마든지 언어 학습에 도움이 된다. 1967년 나는 모스크바에서 3주를 보냈는데 그 기간 동안에 영화를 열일곱 번이나 보러 갔다. 물론 로모노소프 대학교의 학교 극장에 불과했고 티켓 값은 겨우 20코페이카[3]였지만. 하지만 나의 이런 노력이 남들 눈에도 띄었나 보다. 언젠가 그날따라 극장에 늦게 도착했는데 나를 기다리느라고 상영을 5분 늦춘 일도 있었다.

물론 이상적인 해결책이라면 흥미와 관심이 같은 원어민과 다양한 공통의 활동을 하면서 원활한 관계를 유지하는 것이다. 특히 이 원어민이 학습자의 실수를 교정할 마음이 있고 그런 실수를 지적받을 때 학습자가 화를 내지 않을 굳은 결심을 했다면 금상첨화다.

여행이 언어 지식에 미치는 영향을 결정짓는 또 다른 요소는 출발 당시 그 언어의 숙련 수준이다. 언어 실력으로 A수준 학생과 F수준 학생은 여행으로 얻는 혜택이 가장 적다. 시작 단계인 아무것도 모르는 사람은 아마도 깨끗한 머리로 돌아오겠고 이미 상당한 실력을 갖춘 사람은 발전이 눈에 띄기가 어려

---

3 코페이카는 소련 및 러시아의 동전으로 값어치는 1루블의 100분의 1이다. 1루블은 2017년 현재 대략 20원이다. 이 책이 나온 당시와는 물론 환율이 다르다.

울 것이다. 위에 열거된 이상적인 상황에서 최선의 결과를 얻을
사람은 중상급 수준이다.

* * *

언어 학습에 관한 나의 생각을 아래와 같이 요약 정리해
봤다. 이것을 '언어 학습 십계명'이라고 부르더라도 하늘이 허
락해주길. 그게 너무 거창하다면 성공적인 언어 학습을 위한 열
가지 조언이라고 불러도 좋겠다.

하나.

언어를 매일 만지작거리며 시간을 보내라. 시간이 짧다면 최소한
10분짜리 독백을 만들어보라. 이 점에서는 아침 시간이 특히 소
중하다. 일찍 일어나는 새가 말을 잡는다!

둘.

학습을 향한 열정이 너무 빨리 식어버린다면 공부를 너무 몰아붙
이지 말되, 한 번에 그만두지도 마라. 다른 방식의 공부로 옮겨가
라. 예컨대 독해를 하는 대신에 라디오를 듣거나, 작문을 하는 대
신에 사전을 뒤적이거나 해도 좋다.

셋.

말을 고립된 단위로 익히지 마라. 그보다는 문맥 속에서 익혀라.

넷.

교재 구석에 쓸 만한 표현을 적어놓고 대화에서 '미리 만들어놓은 요소'로 사용하라.

다섯.

뇌가 피로에 지쳐 있다면 번쩍하고 지나가는 광고 표지판, 현관의 번지수, 엿들은 대화의 단편적인 내용 등을 재미로 번역해보라. 휴식이 되고 긴장이 풀린다.

여섯.

교사가 고쳐준 것만을 암기하라. 교정 및 수정을 받지 않았다면 자기가 쓴 문장을 계속 공부해선 안 된다. 실수가 머릿속에 뿌리내리지 않도록 해야 한다. 혼자 공부를 한다면 암기하는 각각의 문장은 오류의 가능성이 비집고 들어올 틈이 없는 규모를 유지해야 한다.

일곱.

관용적 표현은 늘 일인칭 단수로 암기하라. 예를 들면 다음과 같다. "I am only pulling your leg(나는 너에게 장난을 치는 것뿐이야)."

여덟.

외국어는 성곽이다. 전방위에서 포위하는 것이 바람직하다. 신문, 라디오, 더빙되지 않은 영화, 기술 문서 혹은 과학 논문, 교재, 이웃의 방문객 등 모든 것을 활용하라.

아홉.

실수가 두렵다고 말하는 것을 꺼리지 말되, 틀린 것은 대화 상대자에게 고쳐달라고 요청하라. 상대가 정말로 고쳐줄 가능성은 희박하겠으나 도와줄 때 혹시라도 짜증을 내면 곤란하다는 것을 꼭 명심해야 한다.

열.

스스로 언어 천재라고 굳게 믿어라. 실은 그 반대라는 게 드러난다면 통달하려는 그 성가신 언어나 여러분의 사전들 혹은 이 책에 불만을 쌓아두라. 스스로를 탓하지 마라.

성경에 나오는 십계명 가운데 일곱 가지는 부정 명령형이기 때문에 이제 적당한 시간 내에 적당한 수준의 언어적 숙달을 목표로 한다면 무엇을 하지 말아야 할지 목록을 적어보겠다.

1.

처음 언어를 배우거나 다시 배우려고 마음먹었다면 미루지 마라. 해외여행 가기로 한 날까지 미루면 안 된다. 그보다는 자기가 배우려는 언어를 모어로 쓰는 사람들이 혹시라도 외국에서 찾아온다면 만날 기회를 만들라. 친척이나 친구일 수도 있다. 그들과 함께하면서 동네나 시내를 구경시켜주면 고마운 마음에 당신이 언어를 익히는 데 도움을 줄지도 모른다. 손님들과 이야기를 나누다 보면 어휘가 풍부해지고 혹시 문법이나 어휘에서 실수를 저지르더라도 크게 타박을 받지는 않을 것이다.

2.

같은 나라 사람한테서 외국인과 똑같은 행동이 나오리라는 기대는 하지 않는 편이 좋다. 똑같이 외국어를 배우는 사람들끼리 연습을 하면 서로 상대방이 뭐가 틀렸는지에만 몰두할 가능성이 높다. 꼭 그렇지 않더라도 상대방이 틀리면 얄궂은 표정을 지을지도 모른다. 누가 얼마나 더 잘하는지 으스대려고 할 때도 많다.

3.

교사의 지도가 아무리 집중적이고 깊이가 있을지라도, 학생 스스로 언어를 깊이 파고들지 않으면 말짱 도루묵이다. 그렇기 때문에 외국어를 배우려고 마음먹은 때부터 삽화가 있는 잡지 훑어보기, 라디오 프로그램 듣기, 녹음해서 듣기, 영화 보기 등을 시작하라.

4.

이렇게 훑어보면서 모르는 단어나 이해가 안 가는 구문이 나오더라도 너무 거기에 매달리지 마라. 이미 알고 있는 것을 바탕으로 이해를 쌓아라. 알지 못하는 낱말 한두 개를 만났다고 무조건 사전으로 손을 뻗으면 안 된다. 그 표현이 중요하다면 다시 나올 것이고, 그러면 그 뜻이 이해될 것이다. 그렇게 중요하지 않다면 대강 얼버무리고 넘어간다고 크게 손해 볼 일도 아니다.

5.

일정 기간 이상 건너뛰지 말고 꾸준히 외국어로 생각을 적어라. 간단한 문장이라도 상관없다. 생각이 안 나는 외국어 낱말은 일단 모국어로 적으면 된다.

6.

실수를 할까 봐 두렵다고, 말하는 걸 억누르지 마라. 흐르듯 나오는 말은 연쇄 작용을 일으킨다. 문맥을 따라가다 보면 올바른 형태로 말하게 된다.

7.

문장을 시작하는 표현들과 더불어 다양한 군더더기 말도 잊지 마라. 언제든지 도움을 받을 수 있는 몇 가지 정형화된 문구로 말을 트면 상대방과 대화를 시작하는 처음의 무안함을 이겨내게 되므로 훌륭한 방법이다. 예를 들어 "난 프랑스어가 좀 서툴러요." 혹은 "러시아어로 말한 지가 한참이 됐네요." 따위가 있다.

8.

언어적 요소나 표현을 문맥 밖에서 외우지 마라. 많은 이유가 있겠지만 특히 어떤 낱말이든 여러 가지 의미를 지닐 수 있기 때문이다. 이를테면 영어 낱말 'comforter'는 위로가 되는 사람을 말할 수도 있고 혹은 뜨개질한 숄, 퀼트, 혹은 깃털 이불, 그것도 아니면 유아용 고무젖꼭지를 말하는 것일 수도 있다. 모국어 단어를 둘러싼 의미의 소용돌이는 그대로 놔두고, 관련된 단어를 새로운 언어의 문맥에서 만나는 데 익숙해지는 편이 좋다.

9.

새로 익힌 구조나 표현을 허공에 둥둥 떠다니게 놔두지 마라. 그것들을 새롭고 다른 환경에 집어넣어 기억 속에 고정시켜야 한다. 흥미의 범위나 생활의 현실 속에 집어넣어라.

10.

시나 노래를 외우는 걸 부끄러워하지 마라. 훌륭한 발음은 그저 각 소리를 내뱉는 것을 넘어선다. 운문과 멜로디는 특정한 제약이 있다. 어떤 소리는 길어야 하고 어떤 소리가 짧아야 할지를 정해준다.

언어 숙달도
등급 매기기

학생이라면 교실에서 받는 성적에 근거해서 외국어 지식 수준을 측정해볼 수 있다. 적어도 이론적으로는 그렇다. 하지만 독학자라면 스스로 평가를 내려야 한다. 누구나 자신에게 편견이 있으므로, 나는 두어 가지 전반적인 가이드라인을 제시하여 내가 만든 언어적 자기 평가가 객관적이도록 노력해왔다. 그러면서 특정 기술보다는 균형 잡히고 종합적인 언어 지식을 얻으려 힘쓰는 성인을 염두에 두려 했다. 평균적인 언어 학습자의 목표는 자기 분야의 외국어 저작물을 이해하거나 스웨터 값을 흥정하는 법을 익히는 게 아니다. 주로 그 언어를 평범하게 말하는 법이 목표이다.

먼저 학교에서 사용하는 점수를 보자.

'A'와 'F'는 가장 명료한 지표다. 아는 게 아무것도 없는 학생은 분분히 따질 것도 없이 F를 받으면 그만이다. 반면에 외국어 어휘가 모어만큼 폭넓어 보이고 말씨, 발음, 글도 언어 규범에서 크게 벗어나지 않는 학생이라면 A를 받을 만하다.

'B'는 글쓴이의 의도를 따라가며 글을 읽을 수 있는 사람이 받는다. 다음과 같다면 B 학생이다.

- 텍스트 안의 낱말 가운데 많아야 20퍼센트만 사전이 필요하다.
- 문장의 구조나 발음에서 모어 화자로 보이지는 않지만 익숙한 주제로 즉시 말할 수 있고 모어 화자가 되묻지 않고 한 번에 알아듣는다.
- 이해하지 못하는 대목은 주로 언어 자체와 무관하다.
- 작문이나 번역을 내놓으면 편집자가 쉽고 빠르게 출판할 수 있다.

'C'를 받을 사람은 평균적인 수준의 텍스트를 핵심은 이해하지만 자세히는 알지 못한다. 마찬가지로 다음과 같다면 C 학생이다.

- 거리나 상점에서 대화를 할 때 정보를 다시 말해달라고 해야 할지도 모른다.
- 단어나 불확실한 문법적 구조로 상상 속의 소리굽쇠를 때리려면 미리 메시지를 구성해야 한다.
- 간단한 외신 기사를 이해할 때조차 사전이 필요하다.

- 글을 쓰면 편집자가 교정을 하거나 원문을 확인해야 할지도 모른다.

'D' 학생은 텍스트를 여러 번 읽은 뒤에도 불완전하게 이해하는 사람이다. 사전을 참조한 뒤에도 텍스트 이해에 어려움이 있다. 그리고 오직 얼굴 표정, 몸짓, 상대방의 호의적인 도움이 있어야만 뜻을 전달할 수 있다.[1]

언어 지식의 수준과 자기 평가의 문제는 매우 자주 제기되므로 정말 얼마만큼 돼야 어느 수준으로 분류되는지 다시 찬찬히 들여다봐야겠다.

D는 '관광객 수준'에서 그 언어를 말하는 사람이다. 한줌의 문장을 가지고 오로지 기차표를 달라고 말하고 방을 찾고 점심을 주문하고 저녁 급행열차가 떠나는 시간을 물어볼 수 있다. 극장에 어떤 영화가 걸리는지 신문을 보면 알아차리고 신발 값을 낮추는 약간의 흥정도 시도해볼 것이다.

'대화 가능 수준'인 사람은 C쯤 받을 텐데 손님이나 모임 주최자로 교제를 할 만하겠고, 어느 정도 자기 나라를 설명하고

---

1 이와 비슷한 평가 체계로는 유럽 언어 공통 기준(Common European Framework of Reference for Languages: CEFR)이 있다. 롬브 박사가 세운 A, B, C, D 수준은 얼추 유럽 언어 공통 기준의 C1, B2, B1, A2에 해당한다.

상대방 나라에 관한 질문을 할 수 있다. 그리고 자기 직업이 무엇인지 말할 수 있고 다른 반응도 마찬가지로 이해할 수 있을 것이다.[2]

내가 'EX-IN 수준'이라고 부르는 또 다른 언어 능력 정도가 있다. EX-IN 학생의 능동적, 수동적 어휘는 100퍼센트 자기 전문 영역 내에 있다. EX-IN 학생들은 B를 받을 만한데 자기 생각을 탄탄한 문법과 이해 가능한 발음으로 표현할 수 있기 때문이다. 하지만 자기 분야를 벗어나면 대화하면서 머뭇거리는 경우가 다소 많다. 나는 지난여름 헝가리인 엔지니어가 이끄는 중요한 국제회의에 참석한 적이 있다. 그는 규격과 치수를 명확히 하는 설계도와 도표 같은 국제 언어로 뜻을 전하며 어려움 없이 외국인 파트너에게 전자 기기 수천 대를 팔았다.

휴식 시간 중에 우리는 아이스크림을 먹으면서 외국인 파트너에게 설명을 했는데 그는 그 아이스크림을 누가 봐도 즐겁

---

2 미국에 가려는 사람에게 해줄 조언이 있다. 기차, 호텔 라운지, 아침 식탁에서 옆자리에 앉은 사람들한테서 똑같은 질문을 들을 것이다. 첫 번째 질문, "어디서 오셨나요?" 두 번째 질문, "무슨 일을 하시나요?" 세 번째 질문, "무슨 차를 타시나요?" 내가 초보 여행자였을 때 난 주로 버스를 타고 다녔는데 남들이 너무 놀라다 보니 대답을 바꿨다. 이제는 이렇게 말한다. "아마 잘 모르실 텐데 이카루스예요." 그럼 이렇게들 묻겠지. "큰 차인가요? 쉐보레보다 큰가요?" 그럼 나는 손목을 홱 뒤집으면서 대답할 거다. "훨씬 크죠!" 이카루스는 헝가리의 버스 제조업체다. - 저자 주

게 먹었다. "Does it taste you(그게 당신을 맛보나요)?" 헝가리인 엔지니어는 헝가리어 형태에 꼭 알맞게 영어로 물어보았다.[3] 이 가여운 손님이 너무나 겁을 먹었기에 나는 영화에 나오는 노래 가사로 그를 안심시키고 싶었다. "잡아먹진 않아요, 맛만 볼 뿐이에요."[4]

다음 단계는 '통역 수준'이라고 부른다. 이 수준에서는 다양한 분야의 폭넓은 어휘를 알아야 하고 즉각적으로 다양한 발음의 열쇠를 찾을 수 있어야 하며 내용과 문체 두 가지 모두에서 출발어에서 표현된 생각에 가능한 한 가깝게 도착어의 메시지로 바꾸는 방법을 알아야 한다.

이 모든 수준 위에는 '모국어 수준'이 있다. 안타깝게도 이 수준은 굉장히 드물어서 위의 유치한 수준 나누기에 넣지 않았다. 모국어 수준은 외국어 학습자가 원래 프랑스인, 러시아인, 영국인 등으로 여겨지는 정도를 말한다. 예를 들어서 이 수준의 헝가리인이 파리, 모스크바, 런던에서 헝가리어를 말하기 시작

---

3   이에 해당하는 헝가리어는 "Ízlik(그거 좋아요/마음에 들어요)?"인데 주어가 음식이고 그걸 맛보는 사람은 여격(與格)이라서 '음식이 너에게 맛있는가?'로 옮길 수 있으며 영어 "Does it please you?"와 비슷하다.
4   월트 디즈니의 단편 만화영화 〈아기돼지 삼형제(Three Little Pigs)〉에 나오는 노래 '누가 크고 나쁜 늑대를 무서워할까(Who's Afraid of the Big Bad Wolf)?'의 노랫말.

하면 사람들은 놀라워하며 이렇게 물을 것이다. "그 재미있는 말씨의 언어는 뭔가요? 그 말을 배우라고 누가 권했나요?"

***

언어 지식수준을 정리하는 이 시도에서 나는 모든 분야의 요소를 포함시키려 했다. 문법 규칙의 지식, 거기에 적용할 기술, 귀로 들리는 텍스트와 글로 쓴 텍스트의 이해 등이다. 이들 요소는 서로 연관되어 있다. 벽을 쌓으려면 벽돌과 회반죽이 모두 필요하다.

페인트를 칠하지 않은 아파트에는 이사를 들어갈 수 있지만 지붕을 덮지 않거나 문을 달지 않거나 창문을 끼우지 않은 집에는 들어가서 살 수 없다. 그리고 지금 우리가 집=언어의 비유를 사용하고 있으니까 이를 계속 유지하면서 참을성 없는 학습자들을 나무라고자 한다. 다들 알다시피 집을 지을 때는 토대 다지기로 시작하는 게 자연스럽다. 몇 시간이나 일했는데도 왜 땅 위로 보이는 게 없는지 궁금하다고 하는 사람은 없다. 토대 없이 집을 지을 수는 있겠지만 공중누각일 뿐이다. 집을 지을 때 토대를 놓아야 하는 것과 같이 언어를 배울 때도 기초를 다져야 한다는 것을 우리는 대체 언제쯤 되어야 받아들일까?

낱말이든 문법적 형태든 획득한 각 단위는 동시에 다른 낱말이나 형태를 걸 수 있는 못이기도 하다. 앞에서 언급했던 페테르라는 꼬마는 벽 밖으로 튀어나온 못 부분만을 원했다. 하지만 성인들이라고 얻은 지식의 조각이 모두 뭔가의 위에 지어진다는 것을 늘 이해하는 것은 아니다. 언어를 배울 때 우리가 그렇게 안달복달하지 않는다면 이처럼 뻔한 사실을 굳이 말할 필요도 없었을 것이다. 나는 요제프 아틸라 대학교에서 1년 반 동안 중국어를 가르쳤다. 학생 중 한 명이 곧 수강을 취소했다. "이유가 뭔가요?" 우연히 그 친구를 마주쳤을 때 내가 묻자 이렇게 대답했다. "수업을 한 달 들었는데 여전히 중국어를 말하지 못해서요."

***

다시 언어 지식의 수준으로 돌아가서 언어의 집에서 가장 분명히 보이는 요소를 짚어보자. 바로 낱말이다. 간단히 연습해보도록 단어를 몇 개 모아놓았다. 자기가 공부한 어느 언어든 골라서 각 단어에 대응되는 알맞은 번역어를 적는다. 다 마치면 어휘적 측면의 점수를 계산할 수 있다.

I	II
달	때리기
사다	누리다
공짜	느닷없이
넓은	감사하는

III	IV
짚	놋쇠
촉진하다	이삭줍기하다
뻣뻣한	완고히
실질적인	열광적

첫 번째 무리는 낱말마다 1점씩을 매기고, 두 번째는 2점씩, 세 번째는 3점씩, 네 번째는 4점씩을 매기면 된다. 총점은 40점이다. 등급은 다음과 같다.

10 = 'D'

20 = 'C'

30 = 'B'

40 = 'A'

안타깝지만 습득한 어휘는 한번 얻으면 장식장에 넣어놓고 평생을 간직할 수 있는 예쁜 도자기 인형과는 다르다. 우리모두 겪었다시피 외국어를 한동안 사용하지 않았을 때는 머릿속 바퀴가 녹이 슬어 삐거덕거린다. 전에는 스스로에게 B를 주었지만 언어를 꺼내어 먼지를 탈탈 털고 확인해보니 겨우 D 수준에 도달할까 말까 하는 지경이란 걸 알게 되기도 한다.

사용하지 않은 지식이 서서히 닳아 없어진다는 것은 상식에 가깝다. 그러나 이것은 그렇게 단순한 문제가 아니므로 여기에 몇 줄을 할애하고자 한다.

먼저 언어 지식 역시 마치 포도주와 마찬가지로 어느 정도묵힌다 하더라도 전혀 해가 되지 않는다. 내가 들은 바로는 유명한 지휘자들은 한 작품을 거의 분 단위로 쪼개어서 속속들이연습을 한다. 그런 다음 그 작품을 옆으로 치워놓고 한두 주 뒤의 공연 날 전까지 건드리지도 않는다고 한다. 그게 연주에 도움이 된다는 것을 알기 때문이다. 언어 학습에서는 외국에 있는동안 배운 언어의 분량이 집으로 돌아온 지 한참 지나서까지나타나지 않을 때가 많을 것이다.

또 조금 묵히는 게 언어에 질려버리는 것보다 낫다. 나는수행 통역원들 그리고 외국 손님을 받는 나의 친구들이 이 일로 투덜대는 것을 여러 번 들었다. 막 도착한 외국 손님들과는유창하게 이야기를 하지만 방문 기간이 지날수록 이 유창성은 점점 늘어나기보다는 도리어 줄어드는 경향이 있었다. 이별의 순간이 슬슬 다가오면 손님을 맞는 측에서는 흔히 쓰는 프랑스어 인사 "Bon Voyage(여행 즐겁게 하세요)!"라고 한마디 외치는 것 말고는 아무 말도 안 나오게 된다.

이렇게 이상한 현상이 생기는 것은 여행자를 맞는 헝가리의 전통적 환대가 너무 지나치다 보니, 뇌가 죽도록 피곤해지기 때문이다. 뿐만 아니라 손님들이 처음에는 자기 모국어를 천천히 명확하고 간단하게 말하는 덕분이기도 하다. 그러다가 헝가리에서 이렇게 말이 잘 통한다는 기쁨에 편안해지면서 원래의 익숙하고 자연스러운 스타일로 되돌아가는 것이다. 게다가 이 자연스러운 스타일이라는 것은 곧 출신 지역 특유의 사투리나 말씨인데 구조가 느슨하고 표현이 일상적이고 말투가 빠르다. 원어민 화자가 아닌 사람은 적응하기가 쉽지 않다.

'시간이 지나면 사용하지 않는 언어는 차차 잊어버린다'라는 말이 언제나 옳지는 않은 이유는 장기적으로 볼 때 언어 지식을 나타내는 선은 (마치 인간 신체의 성장을 나타내는 선과 마찬가지로) 포물선 모양이기 때문이다. 나이를 먹어갈수록 어린 시절에 익힌 오래된 기억과 기술이 앞으로 나오고 나중에 배운 것은 뒤로 들어가므로 이런 모양이 들어맞는다. 수십 년 전 제1차 세계대전 당시 벌어진 전투의 세세한 내용까지 기억하는 할아버지를 만나는 일은 드물지 않다. 그분이 유일하게 잊어버리는 것은 반 시간 전에 그 얘기를 했다는 사실뿐이다.

어린 시절에 익힌 기술이 어떻게 우리 곁에 남아 있는지 들은 적이 있는데 언어학적으로뿐 아니라 감정적으로도 흥미롭다. 헝가리 미술의 거장 키슈펄루디 슈트로블 지그몬드Kisfalu-di Strobl Zsigmond가 들려준 이야기다.

헝가리 화가 라슬로 퓔뢰프 엘레크László Fülöp Elek는 젊은 시절에 잉글랜드로 이주하여 기품 있는 영국 숙녀와 결혼해서 세 아들을 두었다. 그는 동포들과 별로 어울리려고 하지 않았는데 어쩌면 그 이유는 제1차 세계대전 이후 나라를 떠난 헝가리 사람들이 지나치게 참견을 해서일지도 모른다. 가끔씩 헝가리인 조각가 슈트로블 씨와 같은 동포 예술가 동료들을 초대하더라도 영어밖에 모른다고 말하며 사과했다. 자기 모어를 완전히 잊어버렸다는 것이었다.

어느 날 밤 슈트로블 씨는 문을 두드리는 소리에 잠에서 깨어났다. 라슬로 부인이 보내 온 품격 있는 집사였다. 부인은 그에게 와달라고 부탁했는데 남편이 갑자기 병에 걸리더니만 모르는 언어로 말을 하더라는 것이었다. 영어로 말을 걸어보았지만 헛수고였다. 남편은 아무 대답도 하지 않았다. 이 거장 조각가는 서둘러서 갔으나 안타깝게도 너무 늦고 말았다. 오랜 친구는 수십 년이 지나 죽음의 문턱에 다다라서야 겨우 모국어가 돌아왔지만 더는 입을 열지 못했다.

언어 재능은 없다

책벌레 칼만Könyves Kálmán 왕[1] 같은 사람이 또 나타나서 묵
직한 권위를 담아 언어 재능은 존재하지 않는다고 선언할 때까
지 우리는 "그 사람은 언어에 소질이 있어"라는 말을 들을 것이
다. '그냥' 언어를 잘하는 사람은 없다. 언어 학습에서 성공이란
간단한 등식으로 결정된다.

소요 시간 + 관심 = 성과

위의 등식에서 내가 '언어 재능' 대신에 '관심'이라고 적어
놓은 것은 괜한 말장난일까? 그렇지 않다. 언어 학습이 타고난

---

[1] 12세기 헝가리 왕. "마녀란 존재하지 않으므로 얘기도 꺼내지 말지어다"라
는 칙령으로 잘 알려져 있다.

능력의 문제라면 누구나 어떤 언어를 배우든 똑같은 능률이나 비능률로 씨름할 것이다. 하지만 "이탈리아어는 쉬운데 프랑스 어는 안 그래." 혹은 "나는 슬라브어에는 재능이 하나도 없어." 같은 주장을 들어보지 않았거나 해보지 않은 사람이 과연 있을 까? 그렇게 얘기하는 이가 적지 않다면 '언어에 재능이 있다'라 는 말에 과연 보편적으로 수긍할 수 있을까?

나는 교육 수준에 걸맞은 수준으로 모국어를 구사하지 못 하는 사람이 있다는 이야기는 들어보지 못했다. 정신이 맑지 않 을 때는 물론 예외다. 하지만 지난 40년 세월 동안 언어 학습이 나 어떤 종류의 응용 학습과도 연관이 없이 살던 어떤 할머니 가 놀랄 만큼 빠르게 스페인어를 배웠다는 일화를 들은 적이 있는데 남아메리카에서 태어난 손주를 보러 갈 예정이었기 때 문이었다고 한다. 그래서 나는 앞 등식의 '관심' 자리에 '동기' 를 대신 넣는 것도 동의한다.

언어 학습에서 성격이란 아무리 못해도 지적 능력만큼의 노릇을 한다. 수영 코치에게 들었는데, 아이들이 얼마나 빨리 수영을 배우느냐는 자신과 주변 세상을 얼마나 신뢰하느냐에 달려 있다고 했다. 나는 이런 자신감이 모든 지적 활동에서 성 공의 열쇠라고 굳게 믿는다. 아직까지 탐구가 덜된 분야이며 인 간의 재능인 창의력, 다른 말로 하자면 예술적 창조와 과학적 발견에서 자신감은 흔히들 생각하는 것보다 훨씬 더 큰 구실을 하는지도 모른다. 언어를 배울 때 외국어의 바다에서 살아남기 위해 꼭 필요한 자신감과 열린 마음가짐은 마치 눈에 안 보이는 구명 밧줄과도 같다.

나는 언어를 잘한다거나 언어를 못한다는 식의 표현에 신경 쓰지 않는다. 흔히들 하는 말이지만, 머릿속에서 이루어지는 복잡한 과정을 분별없이 일축하기 때문이다. '나는 언어에 재능이 없어'라는 불평은 보통 여러 번 시도한 뒤에야 새로운 단어를 겨우 외울 수 있다는 뜻이다. 외국어의 소리를 앵무새 같은 재주로 모방하는 사람들은 언어에 재능이 있다는 소리를 듣는다. 시험 문제를 실수 없이 풀어내는 어학 학습자는 통사와 형태로 뭉친 언어의 실타래가 풀릴 방향을 빨리 찾기 때문에 '천재'라는 별칭이 붙는다. 언어 애호가가 과감하고 혁신적이며 현대적인 문체로 글을 쓰면 그냥 좋은 작가라고 불린다. 언어를 하나만 구사하는 학자가 수년간의 연구를 통해 칼데아 지역 여러 방언에 아시리아어 차용어가 많다는 사실을 알아냈다면 역시 언어 애호가 대열에 낄 만하다.

언어 애호가는 서문에서 정의한 바와 같이 세 가지 기술만이 필요할 뿐이다. 어휘를 잘 기억하고, 여러 소리를 구별하며, 언어 규칙의 세계에서 길을 찾도록 논리적으로 생각하면 된다. 실체가 없고 정의 내리기 힘든 '언어 재능'보다는 '학습법'이 어휘, 좋은 발음, 총체적 문법 지식 들을 습득할 때 더 큰 역할을 한다.

헝가리에서도 대평원에 사는 사람들이 트란스다뉴비아 혹은 북부 헝가리 사람들보다 언어를 배우기가 더욱 힘들다는 것은 자명하다. 물론 신기루가 자주 출몰하는 이 평지 지방을 골라서 언어에 재능이 없는 아이가 태어나는 것은 아니다. 헝가리인만 주로 모여 사는 지역에서 지내다 보면, 독일계 거주 지역이라든가 슬로바키아나 루마니아 접경에서 지낼 때보다 외국어를 더 나중에 접하게 되는 것뿐이다.

흥미롭게도 말소리를 잘 따라 하는 데에 실제적인 대화가 반드시 필요하지는 않다. 어릴 때 모어에 없는 음운을 듣는 것만으로도 그 소리에 귀가 익숙해져 나중에 입으로 그 소리를 다시 낼 수 있게 된다. 학자라면 이것을 외국어가 주위에서 들릴 경우 조음기관의 퇴화가 방지된다는 식으로 표현할지도 모르겠다.

우리 통역팀에 부모는 헝가리인이지만 외국에서 태어나서 자란 사람들이 있다. 그들은 1945년에 성인이 될 즈음 헝가리로 왔다. 그들은 한 번도 헝가리어로 말해본 적이 없고 부모가 하는 말을 듣기만 했음에도 지금은 완벽한 이중언어 사용자다.

언어를 배울 때 어떻게 출발 또는 접근하느냐는 매우 결정적인 요소다. 이는 언어 재능이란 것이 있느냐 없느냐보다 한결 더 중요하다. 잘 알려진 바대로 유대인들은 줄곧 다중언어 사용자였다. 그래서 그런지 헝가리의 키슈쿤샤그 또는 니르셰그 지역에서 자란 유대인은 데브레첸의 어린아이와 마찬가지로 전혀 손색없는 헝가리어로 이야기한다. 이스라엘 키부츠에서 길러진 이스라엘 청소년 대부분은 보통 히브리어만을 한다.

이를테면 A와 B가 동시에 배우기 시작했더라도 A가 B보다 두 배 빨리 일정한 지식의 수준에 도달할지도 모른다. 그러나 각각의 학습자를 자세히 살펴보면 다음과 같은 내용을 알아낼 수 있을 것이다.

- A는 B보다 언어를 다루는 데 쏟아붓는 시간이 많다.
- A는 B보다 더욱 직접적인 목표가 있어서 성실하게 노력했다.
- A는 B보다 영리한 학습 방법을 사용한다.
- A는 B보다 그저 머리가 좋은 것뿐이며, 이러한 속도 차이는 생물이나 지리 또는 다른 분야에서도 눈에 띌 것이다.

그런데 이번 장의 첫머리에 언급한 간단한 등식의 좌변 분모 자리에 뭔가를 넣어야 나을 듯싶다. 그걸 일단 망설임이라고 불러보자.

$$\frac{\text{소요 시간} + \text{동기}}{\text{망설임}} = \text{성과}$$

망설임은 실수를 할까 두려워 말하기가 꺼려질 때, 모어의 얼개나 먼저 배운 딴 외국어의 얼개가 새 언어로 옮겨짐을 의식할 때 보인다.

말을 할 때 더 자주 주저하는 쪽은 남성 학습자다. 헝가리의 독어학자 탈러시 이슈트반네Tálasi Istvánne는《공공 교육Köznevelés》이라는 학술지에 실은 논문 〈외국어 가르치기Az idegen nyelvek tanitasa〉에서 교육 수준이 높은 사람은 외국어를 말할 때 자신의 지적 능력보다 외국어 표현 능력이 모자라다 보니 긴장을 느낀다고 밝혔다. 그러니까 이런 긴장감은 여자보다 남자에게 더욱 당혹스럽다. 여성은 긴장을 덜 느낄 뿐 아니라 의사소통의 욕구가 더 강한 것 같다. 수년 전 베이징에서 평양으로 가는 기차 안에서 내가 했던 경험을 남자가 한다? 그런 그림은 떠올리기 힘들다.

홀로 앉아 몇 시간을 따분하게 있던 차에 예쁘고 웃는 얼굴의 작은 몽골 여인이 내 열차 칸으로 걸어 들어왔다. 안타깝게도 그 사람은 자기 모어 외에는 다른 언어라고는 단 한마디도 하지 못했다. 내가 아는 몽골어라고는 баяртай(안녕히 가세요/계세요)가 전부였는데 이런 표현으로 대화를 시작하면 괴상할 거라고 생각했다.

그래서 우리는 한동안 서로를 멍하니 따분하게 쳐다보았다. 그러다가 그쪽이 자기 버들가지 바구니에서 먹을 것을 조금 꺼내더니 맛보라고 건네줬다. 그 맛좋은 주전부리를 먹은 덕분에 몽골 요리를 좋게 생각하게 됐다. 역시 열 마디 말을 듣느니한입 먹는 쪽이 낫다. 크바르크quark 치즈와 비슷한 재료로 만든 음식을 손 위에 놓고 이리저리 뒤집는 내 모습을 바라보던 몽골 여자는 아마 내가 그걸 어떻게 만드는지 알아내려 머리를 쥐어짜는 중이라고 짐작했을지도 모르겠다. 이윽고 팬터마임이 시작되었다. 기차가 목적지에 도착할 때까지 우리는 몇 시간 동안 요리법을 교환했는데 말을 주고받지는 않았다. 그럴 수도 없었다.

나는 썰기, 빵가루 묻히기, 걸쭉하게 하기, 접기, 소 채우기, 젓기, 반죽하기, 자르기, 고기 연하게 재우기를 표현하는 요리 테크닉을 정확하게 '번역'한 것 같은데 그 이유는 내가 이 몽골 사람한테서 배운 음식이 그 이후 나의 레퍼토리에 자주 등장하는 요리가 되었기 때문이다. 그리고 나는 때때로 울란바토르에서 몽골 어린이 여럿이서 헝가리 요리를 냠냠 먹고 있는 흐뭇한 상상을 하곤 한다.

남녀가 주로 사용하는 담화 방식에서도 외국어를 말하기 시작할 때 어떤 차이가 생기는지가 드러날 수 있다. 여자가 옷에 흥미를 갖는 것만큼이나 남자는 지식을 갈망한다. 하지만 나는 세상에서 가르치는 일 다음으로 여성스러운 일이 통역이라고 생각한다. 언젠가 영국 브라이튼에서 열렸던 국제회의에서 통역 팀은 여성 일곱 명과 남성 한 명으로 구성되었다. 무뚝뚝한 영국인들조차도 그걸 보고는 싱글싱글 웃음을 짓고 말았다.

대중은 '언어를 잘하는' 사람에게 대개 두 가지 이유로 흥미를 품는다. 첫째, 외국어 지식은 매일의 삶에 꼭 필요하다. 둘째, 특정 수준 이상의 언어 지식을 가지면 특별한 세계를 볼 수 있다. 때문에 거기에 못 미치는 사람들은 호기심을 가지게 마련이다. 다중언어 구사자는 언제나 단일언어 구사자의 궁금증을 자극해왔다. 하지만 안타깝게도 유명한 옛날 다중언어 구사자들의 언어 능력 수준이 객관적으로 얼마나 되는지는 제대로 알기 힘들다.

이를테면 전통적으로 부처는 150개 언어를 알았다고 하며 무함마드는 모든 언어를 말했다는 기록이 전해진다. 고대 로마의 작가이자 문법가인 겔리우스는 폰투스 왕국의 미트리다테스 6세가 25개 언어를 말했다고 기록한 바 있고 플루타르코스에 따르면 클레오파트라는 콥트어, 에티오피아어, 히브리어, 아랍어, 시리아어, 메디아어, 페르시아어를 말했다. 클레오파트라 여왕이 어떻게 여러 언어를 구사하게 되었는지는 이번 장의 첫 구절에서 짚고 넘어간 언어 학습 성공 공식을 생각하면 어렵지 않게 이해할 만하다. 노예들 덕에 집안일에서 벗어났으니 시간이 많았다. 정치적 야심은 끝이 없었으므로 여러 언어를 익히겠다는 동기가 생겼다. 그리고 마르쿠스 안토니우스와 벌인 대담한 연애에서는 거리낌 없는 성격이 잘 드러난다. 여성 이야기를 계속해보자면 라인팔트의 선제후 프리드리히 5세의 딸 엘리자베트 공주나 러시아의 예카테리나 다시코바 공주의 이름도 자랑할 수가 있겠다. 데카르트는 엘리자베트 공주가 수학과 어학에 똑같이 능한 유일한 사람이라고 저술에 써놓기도 했다. 다시코바 공주는 여자가 부엌 아궁이를 벗어나서 돌아다니는 것이 거의 허락되지 않는 시대에 러시아 과학원장으로 선출되었다.

이탈리아인 조반니 피코 델라 미란돌라Giovanni Pico della Mirandola가 누군지는 언어에 관심이 많지 않더라도 아는 사람이 적지 않다. 이 '놀라운 피코'는 열여덟 살에 22개 언어를 말했다는 믿을 만한 기록이 전해진다. 다른 많은 신동과 마찬가지로 짧은 생애를 살고 서른한 살에 죽었다. 체코 사람들이 자랑하는 요한 아모스 코메니우스Johann Amos Comenius(또는 얀 아모스 코멘스Jan Amos Komenský)는 근대적인 언어 교수법의 기틀을 놓았을 뿐 아니라 12개 유럽 언어 말고도 아랍어, 터키어, 페르시아어 학습과 교육의 방법론을 제시했다. 헝가리인들의 자랑거리로는 쾨뢰시 초머 샨도르Kőrösi Csoma Sándor를 들 만하다. 18개 언어를 구사했을 뿐 아니라 최초로 티베트어-영어 사전을 만들었다. 박학다식하고 다재다능한 러시아 사람 미하일 로모노소프Михаил Ломоносов는 시인, 과학자, 문헌학자라는 공존하기 쉽지 않은 능력으로 이름을 날렸다.

옛날의 어학 재주꾼 가운데 내가 가장 좋아하는 사람은 히피의 조상 격인 토머스 코리엇Thomas Coryat이다. 이 유쾌한 떠돌이는 16세기 말부터 17세기 초까지 살았는데 일은 전혀 하지 않았다. 굳이 붙이자면 '부랑자'가 공식적인 직업이었다. 열여섯 살 나이에 나그넷길에 올라 약 3,000여 킬로미터를 걸었으며 그 과정에서 14개 언어를 익혔다. 맹세코 수레를 타지도 않고 신발을 갈아 신지도 않았다는데 이런 얘기를 들으면 편안함을 사랑하는 요즘 젊은이들과 신발 제조업자들은 어떤 느낌이 들지 궁금하다. 그러다가 방랑에서 돌아와서는 잉글랜드 오드컴 마을 교회 문에 다 낡아버린 신발을 걸어놓았다. 그 누더기는 오늘날에도 여전히 볼 수 있다고 한다.

그러나 최고의 영예를 차지할 사람은 누가 뭐래도 이탈리아의 추기경 주세페 카스파르 메조판티Giuseppe Caspar Mezzofanti이다. 이 사람 얘기는 좀 더 길게 할 만한데 빼어난 학습법으로 타의 추종을 불허하는 성과를 이뤘을 뿐만 아니라 헝가리어도 무척 사랑했기 때문이다.

메조판티의 이름이 알려지자 실제로 몇 개 언어를 하는지를 놓고 의견이 분분했다. 100개쯤 될 거라고 추측하는 학자들도 있는데 1839년 본인이 직접 밝힌 바로는 50개 언어와 볼로냐어를 한다는 것이다. 1846년에는 '70개나 80개 언어와 일부 방언들'이라고 인정했다. 그리고 이 모든 언어를 이탈리아 국경을 넘지 않은 채로 배웠다. 사실 자신의 고향인 볼로냐에서 40킬로도 벗어나 본 적이 없다고 주장했다.[2]

그는 가난한 노동계급 부모에게서 몇 번째인지도 모를 아이로 태어났는데 학교에 들어가기 전에 거리에서 주워들은 라틴어 단어를 흠잡을 데 없이 암기하고 똑같이 따라 할 수 있다는 것이 알려지자 가난한 이들에게 열려 있던 유일한 지적인 직업을 택해 신학의 길을 가게 되었다.

수많은 전쟁을 겪으면서 볼로냐의 병원에서 부상자들의 고해 신부로 있는 동안 그는 다양한 언어를 접할 수 있는 풍부한 기회를 얻었다. 그의 방법은 코슈트 러요시와 별반 다르지 않은데 한 가지 차이라면 언어를 맨 처음 배울 때 이용한 것이 셰익스피어의 희곡이 아니라 사도신경, 성모송, 주님의 기도였던 점이다. 죽어가는 병사의 모어로 기도문을 읊어주었고 그렇게 해서 그들 언어의 조어법, 문장 구성, 발음 규칙을 익힐 수 있었다.

이 젊은 신부는 곧 세계적인 명성을 얻었고 볼로냐를 지나는 유명인이나 교회 인사라면 누구든 꼬박꼬박 찾아오게 되었다. 어떻게 외국어에서 큰 성과를 거두게 됐느냐고 남들이 물어

---

2 사실 로마까지 약 400킬로미터를 오가기도 했는데 이미 여러 언어를 습득한 다음의 일일지도 모른다.

보면 가난한 어린아이가 가질 수밖에 없는 두 요소 덕으로 돌렸다. 바로 열정과 고집이었다. 다국어 포교 협회Accademia Poli-glotta di Propaganda에 모인 이방인들은 찬사를 아끼지 않았다. 그는 사람들의 질문에 하나하나, 게다가 언제나 상대방의 언어로 대답해주었다. 목격자들은 그가 잠깐이라도 멈추거나 지체하지 않고 이 언어에서 저 언어로 바꾸었고 방문객의 요청에 따라 경구적 표현이나 장려의 말을 적어주기도 했다고 언급한다.

역사 기록에 따르면 메조판티는 이탈리아에 들어온 헝가리 병사들로부터 네 가지 헝가리 사투리까지 배워 제법 그럴싸하게 말할 수 있었다고 한다. 부다페스트 방언을 실제로 말했는지, 그리고 에페리에시 방언은 사실 슬로바키아어 프레쇼우 방언을 가리키진 않았을지, 150년이 지난 지금 시점에서 밝혀내기는 어렵다. 그런데 메조판티 추기경이 흥미롭게도 헝가리어를 특별히 여겼다는 것이 다음 구절을 보면 잘 드러난다.

"풍부한 표현력과 조화로운 리듬 면에서 내가 그리스어와 이탈리아어를 제외한 다른 언어보다 앞에 놓는 언어가 뭔지 아십니까? 바로 헝가리어입니다. 나는 최근의 헝가리 시인들이 쓴 작품을 몇 편 아는데 흘러가는 가락을 보고는 깜짝 놀라고 말았습니다. 앞으로 헝가리에 무슨 일이 벌어질지 주목하세요. 내 예상에 딱 들어맞을 천재 시인들이 느닷없이 여기저기서 튀어나올지도 몰라요. 정작 헝가리 사람들은 자기 언어 안에 어떤 보물이 담겨 있는지를 알지 못하는 것 같습니다만."[3]

이렇게 서글서글한 학자를 그 누가 좋아하지 않을 수 있으랴. 메조판티는 한 추종자의 공책에 이렇게 적은 적이 있다. "언어의 정수를 이해하고 분석하고 판단하고 외울 수 있다면 누구나 나와 똑같이 이룰 것이다."

---

3 Thomas Watts, "On M. Manavit's Life of Cardinal Mezzofanti," Transactions of the Philological Society 7 (1854).

언어와 관련된 직종

우울증을 막으려면 취미를 가지라고 심리학자들은 충고한다. 조지 버나드 쇼 역시《피그말리온Pygmalio》(1913)에서 같은 이야기를 했다. "취미로 돈벌이를 할 수 있는 사람은 행복하다!"

편견이긴 하지만 내가 볼 때 언어를 직업으로 삼는 사람은 절대로 침울해지지 않는다. 사실 언어 애호가는 언어로 먹고살게 된다면 정신적인 균형을 이룰 수 있을지도 모른다. 언어 애호가는 자기 열정을 쏟는 취미로 어떻게 먹고살 수가 있을까? 실용적인 외국어 기술을 요하는 세 가지 직업에는 국제 교역, 외국인 상대 요식업, 관광업이 있고 격식을 차린 외국어 지식이 필요한 세 가지 직업에는 언어 교습, 번역, 통역이 있다. 이번 장에서는 후자를 중심으로 다루겠다.

우리의 공공 교육 제도는 언어 관련 직종을 준비하는 학생의 입장에서 보면 허점이 꽤 많다. 언어 교육에서만 체계적인 훈련 프로그램 및 이에 따른 공식 자격증을 제공할 뿐이다. 당연하게도 젊은이뿐 아니라 통번역 업계에서도 공신력 있는 단체나 기관에서 번역과 통역 기술을 쌓는 데 필요한 훈련이 이뤄지기를 원한다. 그러다 보니 여러 번역가와 통역사가 회의, 전문적 커뮤니케이션, 통계 보고서, 일간지에서 수시로 주의를 환기시켜 왔다.

이 문제의 재정, 행정, 교육 측면은 여기서 다루는 범위를 벗어난다. 언어 교육, 통역, 번역은 모두 높은 수준의 언어 지식을 주된 필요조건으로 한다. 그럼에도 불구하고 이들 직업은 사실 굉장히 다르다는 것을 지적하고 싶다.

교직에서는 아무리 언어 지식이 높더라도 교육학 및 심리학 지식이 낮거나 진정한 소명 의식이 모자란다면 아무런 쓸모가 없다. 마찬가지로 성공적인 언어 교육자라고 해서 노력 없이 통역 부스에서 성공하지는 못할 것이다. 그리고 빼어난 통역사가 형편없는 번역물을 내놓거나, 경험이 풍부한 번역가가 연사가 허리 굽혀 인사하고 자리에 앉은 지 한참이 지나도록 인사말 첫 문장의 서술부를 찾고 있다든지 하는 사례를 나는 여럿 읊을 수 있다.

그런 실패는 다 연습 부족 탓이라고 주장할 사람이 있을지도 모르겠다. 하지만 내가 경험한 바에 따르면 크게 상관이 없다. 언어 관련 세 가지 직종 중에 어디에서 성공할 수 있느냐는 연습보다는 성격 문제이다. 그리고 이 세 가지 직종을 구별하고 성공이냐 실패냐를 가르는 가장 중요한 요소는 바로 시간이다.

내향적이지 않고 주목받는 일에 겁먹지 않는 사람만이 교사와 통역사가 되어야 한다. 배우 다음으로 무대에 가장 많이 오르는 사람이 바로 교사다.

유일한 차이점이라면 배우는 몇 주, 몇 달 혹은 운이 좋으면 몇 년 동안 미리 연기의 모든 세세한 점을 연구하고 나서 연기를 할 수 있다는 점이다. 그에 반해서 교사와 통역사는 무대에서 다양한 변화를 마주한다. 둘도 물론 서로 다른데 교사는 보통 주변 환경을 통제할 수 있는 반면 통역사의 삶은 예측불허다.

외국어로 말할 때는 언제나 타협을 염두에 둘 수밖에 없다는 코스톨라니의 조언은 교사보다는 통역사에게 더 들어맞는다. 교육자에게는 오류가 없을 것을 요구하는 쪽이 좀 더 적절하다.

헝가리에서 러시아어를 처음으로 가르치기 시작했을 무렵에는, 어려운 문장을 만나면 교사와 학생이 함께 머리를 쥐어짜곤 했는데 그리 특이한 일도 아니었다. 이런 게릴라식 수업 시대는 물론 이제 과거지사다. 오늘날 교육자의 책임과 의무는 대개 미리 윤곽이 잡혀 있다. 그러므로 실력이 걱정스러운 교사가 설 자리는 없다.

끊임없이 자기비판을 하고 내향적이며 골똘히 생각하기를 즐기는 사람은 세 가지 언어 전문직 가운데 번역에만 알맞을지도 모른다. 이 일은 교직보다 더 심도 깊은 언어 지식을 요하는데 번역가가 번듯하게 살려면 반드시 온갖 종류의 텍스트를 다뤄야 하기 때문이다. 글 솜씨가 가장 뛰어난 문학 번역가조차도 단일 주제, 작가 혹은 문체만 옮겨서는 살아갈 수가 없다. 기술 번역가 역시 다양한 분야의 텍스트를 번역해야 한다.

어느 국제회의의 미국인 내빈 한 명이 일부러 통역 부스까지 찾아와서 내가 어느 개념에서 잘못된 용어를 골랐다고 말해주었던 일이 생각난다. 그 사람은 곧 올바른 표현을 알려주었다. 그의 도움에 고마움을 표하고 확신이 없던 또 다른 표현의 번역어를 말해달라고 부탁했다. 다음과 같은 대답을 들었다. "아, 그건 나도 모릅니다. 나는 고체 중합반응의 전문가일 뿐이에요. 액체 상태에서 일어나는 일에는 전혀 익숙하지 않습니다!"

문학 번역가와 기술 번역가는 어떻게 해서 다양한 작업을 할 수가 있을까? 만능 천재이거나 박식해서? 어림없는 이야기다. 우리 분야에 폭군이 하나 있다면 바로 시간인데, 시간이 너그럽게 자비를 베풀어준다면 그 덕을 본다. 선호하는 방식이나 성실성에 따라 다르겠지만 번역가라면 누구든 더욱 나은 해답을 찾아 헤맨다. 참고서적, 백과사전, 학술서, 교과서, 사전을 뒤적이고 그래도 안 되면 전문가에게 물어본다.

하지만 통역사는 암묵적으로 처음부터 타협하기로 동의한다. 완벽주의로 고통받지 않는 사람만이 이 직업을 선택해야 한다. 통역사의 일은 '이걸 완벽하게 하고 싶다'라는 이상과 '이게 시간이 허락하는 한 최선이야'라는 현실 사이에서 언제나 타협하기 마련이다. 시간이라는 폭군 때문에 '좋은 것은 더 좋은 것의 적이다le bon est l'ennemi du meilleur'라는 프랑스 격언이 적용되지 않는 유일한 분야다. 더 나은 것 대신에 좋은 정도의 수준을 받아들이지 못하는 사람은 언어 관련 직종 중에 가장 흥미로운 이 분야에서 크게 명성을 얻지 못할 것이다. 통역은 다음 장을 특별히 할애해서 얘기해보겠다.

통역이라는 직업

주님께서 말씀하셨다. "보아라, 만일 사람들이 같은 말을 쓰는 한 백성으로서, 이렇게 일을 하기 시작하였으니, 이제 그들은, 하고 자 하는 것은 무엇이든지, 하지 못할 일이 없을 것이다. 자, 우리 가 내려가서, 그들이 하는 말을 뒤섞어서, 그들이 서로 알아듣지 못하게 하자."

〈창세기〉 11장 6-7절

그리하여 바벨탑에서부터 언어 혼란이 일어났다는 것이다. 하지만 사람들은 두어 시간 동안 도통 알아듣지 못할 말들을 마냥 듣고만 있다가 마침내 그렇게 와글대는 소리가 무슨 뜻인 지 알아낼 사람을 찾지 않고는 배길 수가 없었으리라. 통역이라 는 직업이 탄생했다.

통역이라는 일이 어떤 것인지 누가 처음으로 이야기했는

가는 공식적인 기록이 없어서 잘 모르겠다. 대大플리니우스가 어쩌면 최초로 통역을 얘기했던 사람일 수도 있는데 디오스쿠리아스[1]에 평상시 얼추 130명이나 되는 통역이 있었다고 한다.

로마제국이 멸망하면서 이 직업도 폐허 아래에 묻혀버린 것 같다. 알다시피 중세 초기에 열리던 종교 회의에서 누구는 라틴어, 누구는 그리스어, 또 다른 누구는 히브리어로 논쟁을 벌이다 보니 서로 알아듣지를 못했기에 설득이 될 리가 없었다.

통역사는 동양과 서양의 교역 관계가 시작될 때 역할을 했다. 술탄이 다스리는 나라에서는 해외 교역을 관장하고 서구 언어를 잘 아는 이들이 나타났다. 바로 드라고만dragoman(투르크어, 페르시아어, 아랍어 등을 다루는 중근동 역관)이다.

이 dragoman이라는 낱말의 어원은 두 가지 설이 있다. 첫째는 아랍어 turjumān(번역가, 통역, 안내인, 중개인)에서 왔다는 것이다. 둘째는 앵글로색슨어 druggerman(지겨운 일drudge을 하는 사람)에서 왔다는 것인데 온종일 동시통역을 하고 나면 후자의 엉터리 가설이 정말로 그럴싸하다고 여기지 않을 수 없다.

오스만 제국의 관료이자 역사가인 무스타파 나이마Muṣṭafā Naʾīmā가 지은《오스만 투르크 제국 연대기Ravżatuʾl-Ḥüseyn fī ḫulāṣa-

---

1 Dioscurias. 흑해 동쪽에 위치한 자치공화국 압하스의 항만도시 수후미를 말한다.

ti aḫbāri'l-ḫāfiḳeyn》에서 특별히 드라고만 한 사람이 거론되는데 14개 언어를 구사했다고 한다. 하필이면 자랑스럽게도 헝가리 사람이라서 내가 얘기를 꺼내는 것이다.

오늘날에는 이상하게 들릴지도 모르지만, 르네상스 시대에 통역 분야가 크게 떠오른 까닭은 베네치아 군주와 제노바 군주가 서로의 언어를 제대로 알아듣지 못해서 통역을 통해서만 의사소통을 할 수 있었기 때문이다. 마치 화가와 조각가처럼 통역 업계의 옛 시대 대표들은 후원자의 호의를 즐기며 살림살이를 더더욱 불렸다. 19세기 초쯤에 예술가는 귀족 후원자에게서 벗어났고 통역사는 한 세기 뒤에 독립했다. 직업으로서의 통역은 '자유 칠과septem artes liberales(중세의 주요 학과로 문법, 논리, 수사학, 산수, 기하, 음악, 천문)'의 여덟 번째 자매였다.

현대적인 개념의 통역이라는 직업은 엄청난 포성을 뒤로 하고 태어났다. 이 직업은 인류가 여전히 제2차 세계대전의 공포로 눈뜬장님 같던 시절, 공존의 길을 찾으려고 손으로 더듬거리며 나아가기 시작하면서 중요성을 얻었다. 이런 역사적인 계기가 양적인 변화를 가져왔다.

그때까지 외교는 오직 외교관만이 수행했는데, 그들만의 공통어가 있었다. 바로 프랑스어였다. 나폴레옹이 몰락하고 1814~5년 소집된 빈 회의에서 신성 동맹의 대표들이 프랑스 언어와 문화를 쇠퇴시키는 방법을 프랑스어로 논의했다는 것은 생각할 거리를 던져준다.

　1945년 상황이 급격히 달라진 정치, 상업, 경제, 문화, 과학 분야에서 여러 나라가 서로 협력을 구하기 시작했다. 정치, 무역, 경제 지식(세 가지만 예를 들었음)을 언어 지식과 함께 갖춘 통역사를 정부나 기업에서 바로바로 구하기 힘들었다. 게다가 통역사 수요는 더 이상 단순히 이중언어 또는 삼중언어 사용자로 자란 사람들만으로는 만족할 수 없게 되었다. 통역사를 키우는 체계적인 훈련이 다양한 학교에서 시작되었다. 통역은 세계적으로 보수를 잘 받는 직업군이다.

　일반 대중은 통역사를 다 같은 직업이라고 생각하는데 마치 1945년 해방 때까지 소작농을 단일한 계급이라고 믿었던 것처럼 말이다. 수행 통역, 교섭 통역, 회의 통역은 뚜렷하게 구분되는 직업이다. 이 세 가지 모두 요구 사항, 임무, 보수 수준이 서로 다르다.

　수행 통역사는 단체 여행객에 정기적으로 고용되고 사회 단체에 비정기적으로 고용되는데 이들의 책임에는 외국인을 즐겁게 해주는 일도 포함된다. 특별한 인증을 받은 사람만 관광 가이드가 될 수 있다. 자격증을 따는 일은 시험과 연관이 되며 코스를 수료하는 시험이 있다. 수행 통역을 하고 싶다면 언어 지식과 정치적 이해 외에도 역사, 문학, 미술사를 안다는 증거를 내보여야 한다. 외국인과 만나는 모든 사람이 자기 나라의 외교관이라는 말은 특히나 이 카테고리의 통역사들에게 적용되는데 손님으로서 외국에 가는 사람들은 가이드가 하는 행동이나 말을 보면서 그 나라를 알게 된다. 사적인 관계로 알게 된 사람을 통해서 그 나라 사람 모두와 심지어는 그 사람의 출신 대륙 전체를 판단하는 것이 인간의 속성이다. 그러므로 수행 통역사에게 개인적, 직업적, 정치적, 도덕적 요구 사항이 높은 것은 놀랄 일이 아니다. 안타깝게도 이들의 보수는 업무의 중요성에 비해서는 가슴 아플 만큼 낮다.

협상 통역사는 회사, 기관 혹은 기업 분야에서 업무를 수행한다. 이 일에서는 뛰어난 언어 지식 외에도 관련된 분야를 세세하고도 전반적으로 아는 것이 중요하다. 메시지의 일부가 말해진 뒤에 곧바로 통역이 이루어진다. 이 일은 좋은 언어 지식과 더불어 특별한 요구 사항이 하나 있다. 바로 기억력이다. 통역사 양성 학교의 커리큘럼에서 노트테이킹note-taking 기술 습득이 큰 역할을 차지하는데 이것이 기억력을 어느 정도 확장시키는 데 도움을 준다. 흔히들 생각하는 것과 달리 재미있게도 속기는 이 목적에 전적으로 부적절하다.

고난도이지만 시간을 잡아먹는 이러한 방식은 국제회의에서 점점 동시통역으로 대체되고 있다. 동시통역은 통역사가 청각적으로 분리된 부스에서 헤드폰을 통해서 대화나 강의를 들으면서 말해지는 내용을 목표 언어로 옮기는 것이다. 통역사는 한 사람을 향해서가 아니라 마이크에 대고 말을 한다.

동시통역은 가장 현대적이고 지적으로 흥미로운 직업에 속한다. 현대적이라는 데는 다들 이견이 없다. 그러나 지적이라는 부분을 놓고 논쟁하는 사람이 많다. 의혹을 품은 사람들은 통역이 지적인 역할이 아니며 오히려 그 반대라고 주장한다.

당연한 말이겠지만 전달된 사실이나 정보가 언제나 통역사의 머릿속을 꿰뚫고 들어가야 하는 건 아니다. 진정으로 경험이 많은 통역사는 일을 하면서 머릿속 스위치 일부를 의식적으로 끄기도 한다. 그러나 동시통역만큼 머리를 집약적으로 많이 쓰는 일도 드물다. 15~20분 동안 일을 한 뒤에는 꼭 쉬어야만 한다. 그래서 부스에서 일하는 통역사가 언제나 짝을 지어 있는 것이다.

이 일이 어째서 그렇게 힘이 들까? 헝가리에 훌륭한 협상 통역사는 50~60명이 되지만 동시통역사는 몇 명 없는 까닭은 무엇으로 설명할 수 있을까?

세 가지 이유를 들어 보겠다.

첫째로 동시통역에서 눈여겨볼 만한 점은 통역사가 기본적으로 외국어를 막 말하기 시작한 사람이 하는 일과 별반 다르지 않은 일을 한다는 것이다. 통역이든 외국어 구사자든 출발언어에서 도착언어로 말을 옮기는 행위는 같기 때문인데 다만 통역은 자기 생각보다는 이미 준비된 메시지를 전달한다는 데서 차이가 생긴다. 이런 점 때문에 일부에서 통역이 진정한 지적인 활동이 아니라고 얘기하기도 한다.

둘째로 이런 형식의 언어 지식 사용이 워낙에 새로워서 동시통역이 주목받을 값어치가 있는 까닭을 언어학적 관점으로 분석을 시도한 사람이 없고, 헝가리나 해외에서도 이에 대한 중대한 연구가 아직 없다.[2]

셋째로 동시통역은 외국어 구사 능력이 최고 수준에 도달했음을 가장 뚜렷이 드러낸다는 점을 절대로 무시할 수 없다.

동시통역은 그저 언어 지식이나 전문 지식만으로는 넘어설 수 없는 난해함이 내재된 생각 전달 방식이다. 이 두 가지 지식보다 더욱 중요한 것은 두뇌 활동이 출발어의 범위를 깨고 나와서 도착어의 궤도를 돌도록 만드는 솜씨와 더불어 이 언어의 뼈대에서 또 다른 언어의 뼈대로 옮겨가는 기술이 있어야 한다는 점이다.

이 임무는 왜 일상의 대화에서보다 동시통역 상황에서 더욱 힘이 들까? 간단한 대화를 하거나 특히 글을 번역할 때는 무슨 말이나 글이 나와야 할지 생각하고 앞서 말했던 '소리굽쇠'를 때리면서 정확성 여부를 확인할 시간이 있다. 순차통역에서

---

2   이 책을 쓸 당시는 그랬지만 최근에는 다른 종류의 통역뿐 아니라 동시통역에 관한 학술 연구도 활발하다.

조차도 메시지를 구성할 시간은 있는데, 통역의 대상인 말을 하는 상대방이 문장을 완료한 다음에 통역이 이어지므로 이미 구성된 단위에서 시작할 수 있기 때문이다.

안타깝지만 동시통역은 끝나려다 만 문장들을 많이 다룬다. 어떤 무례한 통역의 일갈이 기억에 남는다. "그 외국 고위 관료가 죽고 나서 해부되면 배 속에서 서술어 수백만 개가 발견될 거예요. 지난 수십 년 동안에 입 밖으로 내뱉지 못하고 삼켜버린 말들요." 이 책의 독자 가운데 누군가는 현재 및 미래의 연사, 강사, 방송인, 기자일 거라는 바람에서 두 가지 요청 사항을 전달하고자 한다. 첫째, 즉흥으로 말할 때는 비록 남들이 다 그런다 하더라도 지나치게 격식을 차린 문어체를 사용하면 곤란하다. 거기에 휘말려 들어가서 결국엔 첫 문장을 제대로 끝내지 못할 것이 뻔하다. 둘째, 허세 가득한 메시지를 집에서 미리 주의 깊게 적어왔다면 부디 우리 통역에게도 한 부 달라. 연사는 복잡하게 다듬은 긴 문장이 담긴 대본을 보면서 읽어버리기만 하면 그만이지만 통역사는 즉석에서 통역까지 해야 된다. 그러다 보면 연사와 통역사 사이에 난데없이 레슬링 경기가 벌어진다. 우리는 그레코로만형밖에 못하는데 연사는 '닥치는 대로' 자유형 레슬링을 하는 것이다. 이런 전투에서 우리는 늘 지고 만다.

동시통역이 즉흥적인 대화보다 더욱 어려운 이유를 다시

한 번 이야기하자면 생각하는 데 쓸 시간이 단 몇 초뿐이기 때문이다. 통역사는 마치 시간을 당겨쓰는 것과도 같아서 지금 통역하는 이 내용이 몇 초 뒤에 어떻게 들릴지 미리 추측해야 한다.

이 이야기를 뒷받침할 구체적인 사례를 들어 보겠다. 통역할 영어 문장이 아래와 같다고 쳐보자.

> Water-soluble salts are not suitable for the production of this medicine, mostly used in veterinary practice.
>
> 수용성 염류는 주로 수의학 진료에 쓰이는 이 약품의 생산에 알맞지 않다.

모든 의사소통에서와 마찬가지로 메시지의 정수를 표현하는 키워드가 있다. 위 문장에서 '이 약품'은 통역사나 심지어 전문가도 아직 모르는 물질일 수 있다. 지금부터 대학교에서 가르쳐야 하는 물질일 수도 있다. 그런데 이 문장에서 미리 예측할 수 없는 중요 단어는 **not**이다. 문장의 네 번째 자리에 온다.[3]

하지만 같은 뜻의 독일어 문장을 통역한다면 어떻게 될까?

---

3 헝가리어 원문도 영어와 비슷하게 부정어 nem이 넷째 자리에 온다. "Víz-ben oldható sók nem alkalmasak ennek a gyógyszernek az előállítására, amelyet főleg az állatorvosi gyakorlatban használnak."

Wasserlösliche Salze eignen sich zur Herstellung dieses, hauptsächlich in der Veterinärmedizin verwendeten Medika-ments **nicht**.

메시지의 정수, 그러니까 화자가 왜 이 이야기를 하는지, 그리고 관중들이 듣고 있는 이유는 바로 nicht(영어 not과 같은 뜻)에 있다. 14번째 자리에 온다.

가장 쉬운 해결책은 통역사가 통역을 시작하기 전에 연사가 중요 단어인 nicht를 말할 때까지 기다리는 것일 것이다. 물론 실제 상황에서 통역사는 중요 단어에 선행하는 정보가 워낙에 복잡해서 이걸 놓치지 않으려면 즉시 말을 시작해야 한다. 그렇다 보니 늘 그렇게 기다릴 수만은 없다. 어쨌거나 말을 끊거나 입을 다무는 것은 연사 마음이다. 연사가 조용해진다면 심오한 정신세계를 담고 있으니 그 생각을 표현할 가장 적합한 형태를 찾아 헤매는 중이라고 생각할 것이다. 그런데 조용해지는 사람이 통역사라면 이 갑작스러운 고요함 덕분에 헤드폰을 끼고 평화롭게 졸던 대표들까지도 깨어나고 만다. 그러면서 이렇게 구시렁댈 것이다. "통역 부스에 아마추어들이 있는 게로군. 용어를 모르나 봐."

그러므로 중요 단어가 언제 나올지 몰라 계속 기다려야 한다면 괜히 아무 말도 없이 가만히 있으면서 일이 어렵다는 티를 내지 말기 바란다. 이때가 바로 어휘 대목에서 언급했던 군더더기 표현을 사용할 절호의 기회다. 그 목록은 다른 표현으로 보충될 수 있다. 회의 통역을 할 때는 일상 회화의 표현보다는 강연이나 연설에서 자주 쓰는 형식적 문구가 좀 더 적합한 윤활유라는 것을 알아두면 좋겠다.

언어가 다르면 어순 역시 다르다. 그렇기 때문에 독일어에서 말을 옮기는 것이 어려운데 그 이유는 독일어가 최대한 길게 '적층積層'을 하는 언어이기 때문이다. 영어에서는 서로 끝없이 연결된 종속절들이 '상자 안에 들어간 상자 안의 상자'처럼 나타나는데, 독일어에는 상자 문장Schachtelsatz이라는 이를 가리키는 표현이 따로 있다. 이러한 안은문장(내포문)의 문체는 독일어에서는 주로 멋을 부릴 때 쓴다. 일본어는 관계사가 없고 종속접속사가 나오는 문장의 어순도 달라질 때가 많다. 아래와 같은 문장을 만나면 가여운 통역사는 말이 끝날 때까지 땀 깨나 흘릴 것이다. "어제 내 친구는 책을 사라고 어머니가 주신 돈을 잃어버려 책을 못 사서 서글프게 울던 어린 여자아이를 만났다고 얘기했다."

일본어에서 '돈'은 그냥 'かね'라고도 하지만 주로 'おかね'라 하듯이 낱말 앞에 경어에 쓰는 'お(御)'를 흔히 붙인다. 특히 여성 화자가 많이 쓰는 편이며 돈, 명함, 메시지, 기타 등등 많은 사물에 붙인다. 놀라지 말자. 이 공손한 나라에서는 인형에도 '~씨'를 뜻하는 'さん'을 붙여 人形さん이라고 말한다.

통역은 협동 작업이다. 내가 피곤할 때 부스 파트너가 교대해줄 뿐만 아니라 내가 낱말을 깜빡하고 흘려버리면 파트너가 도와주기를 기대한다. 파트너가 회의장에 나타나지 않거나 마찬가지로 해당 단어를 모른다면 앞서 말했던 동의어나 군더더기 표현 내지 돌려 말하기 같은 방법을 써먹으면 된다.

우리 일의 아름다움과 어려움을 묘사할 때 나오는 또 다른 요소를 말해보겠다. 국제회의는 기술, 경제, 과학 협력의 형태를 띤다. 국제기구에는 UN, 유럽 경제 공동체[4], 국제 표준화 기구, 관세 무역 일반 협정 등등 여러 종류가 있는데 해마다 회의를 열어 일치된 원칙을 마련한다. 참가자들은 여러 해를 걸쳐 서로를 알아왔다. 이를테면 익힌 고기가 얼마나 균질화되었는지 울트라 투락스 장치를 써서 포스파타아제 활성을 측정하겠다고 미스터 크레이그가 주장할 때 헤르 슐체는 이러한 목적에는 오직 넬코 장치만 쓸 수 있다고 할 것이다. 유일한 문제는 지난 회의가 열렸던 곳은 아마 바르셀로나였을 테고 그 이전 회의는 레닌그라드[5]였다는 것이다. 그래서 이 가련한 헝가리인 통역사는 논의에 나오는 문장들이 머릿속을 번개처럼 지나가는

---

4   1992년 유럽공동체로 바뀌었으며 현재 유럽연합의 전신.
5   1991년 원래 이름 상트페테르부르크로 돌아옴.

상황 속에서 대체 포스파타아제 활성이 무엇인지 계속 궁금할 것이다.

우리는 이 직업을 사랑하므로 이러한 어려움이 생기면 반드시 이겨내려는 마음으로 가득하다. 고용한 사람한테서 아주 열심히 일해달라는 요청을 받았으니 남들이 통역사를 필요악이라고 생각하게 놔둬서는 안 된다.

오늘날 국제 포럼에서 만나는 사람들은 어린 시절부터 익혀 온 외교적 언어의 지식을 가진 특권 계층의 대표들이 아니라 학문, 적극 행동주의, 과학기술 등의 전문가이다. 이들에게는 다양한 것이 요구된다. 바로 포괄적인 전문 지식과 인간사에 대한 본능적 지식, 원칙의 힘, 외교술이다. 그렇다 보니 늘 즉석 토론에 어울릴 만한 수준 높은 외국어까지 구사할 것이라고 기대하기는 힘들다. 만약 우리 통역사가 이런 부담을 줄여준다면 그들은 유창하지 못한 언어로 말한다는, 자신의 권위를 잃게 만들 압박에서 자유로워질 것이다. "완벽하지 않게 말하기보다는 완벽하게 침묵을 지키는 편이 낫다"라고 헝가리의 어느 현명한 장관이 말한 적도 있다.

우리의 외국 파트너들도 이와 같은 입장을 취하는 듯 보이지만 일반적으로 영어를 말하는 데는 웬만큼 익숙한 편이다. 그래도 보통은 만약을 대비해서 통역사를 대동한다. 그런데 어느 방문은 통역사가 자리했음에도 불구하고 망칠 뻔한 적이 있다.

외국에서 열린 회의 자리였는데, 우리를 맞이한 사람은 영어가 'How do you do?' 수준밖에 안 되었다. 그 사람은 아뿔싸 하며 말을 더듬거렸는데 작은 집무실에 외국어를 할 줄 아는 사람이라고는 단 한 명이었고 그 외국어는 중국어였던 것이다.

나는 무심코 어깨를 으쓱했다. 그게 뭐 별거라고.

곧 문제의 신사가 나타났다. 퉁퉁한 얼굴에는 무사마귀가 있었는데 그 위로 털 세 가닥이 삐죽 돋아 있었다. 분명히 복을 가져온다는 믿음 때문에 잘라내지 못하는 것 같았다. 우리가 자리에 앉았을 때조차도 그는 그 털들을 자랑스럽게 우쭐대며 쓰다듬고 있었다.

하지만 그가 첫 말을 떼자 의무감에 짓고 있던 나의 미소도 입술 위에서 얼어붙고 말았다. 그렇게 자신만만할 권리가 없었던 것이다. 난 그 사람이 하는 중국어를 단 한마디도 이해하지 못했고 그 역시 내 말을 알아듣지 못했다. 그는 명확한 광둥어 방언으로 말을 했는데 내가 부다페스트의 대학교에서 배운 것과는 완벽하게 달랐다.

내게도 그렇게 유쾌한 일은 아니었지만 그 사람도 완전히 하얗게 질려버렸다. 표준 중국어인 북경어를 모른다는 게 밝혀지면 체면을 잃을 것이고, 동양인에게 그보다 더 심각한 일은 일어날 수가 없다. 그는 하카客家 방언으로 말을 걸었다. 내가 못 알아듣기는 광둥어와 매한가지였다. 몇 분 동안 고생고생을 하다가 마침내 우리에게 해결책이 나타났다. 한자는 모든 방언에서 동일하기 때문에 우리는 종이에 전갈을 급히 적어서 책상 아래로 서로에게 건네주었다. 수십 년 전 페치에서 중학교를 다니던 시절 수학 시간에 했던 것처럼 커닝을 한 것이다. 우리는 운이 좋았다. 의무적이고 예절 차리는 문구 이상으로 넘어가질 않았다. 우리는 평소처럼 재스민 차를 마시고 허리를 숙여 인사하고 방을 나오며 위신을 잃지 않았다. 그러나 나는 이 일화를 떠올릴 때마다 여전히 진땀이 흐른다.

언어 때문에 겪은 어려움을 가지고 할 이야기가 두 개 더 있다. 하나는 피터 유스티노프Peter Ustinov한테서 들은 것인데 에스페란토어를 사랑하는 내 모든 친구들에게 들려주고 싶다.

유스티노프는 러시아인의 피가 흐르는 영국의 작가이자 감독이자 배우로 한동안 대사로 지내기도 했다. 주재지는 서구 어느 나라 수도였다. 그곳에 도착해서는 동료 외교관을 한 명씩 차례대로 방문했다.

중국인 외교관을 찾아갔을 때, 그는 키가 작은 아시아 외교관이 거의 안 보일 만큼 커다랗고 우아한 방으로 안내되었다. 중국인 외교관은 의자를 권한 뒤에 자기도 자리에 앉고는 종을 울렸다. 훨씬 더 작은 남자가 들어왔는데, 아무래도 비서이자 통역관인 것 같았다. 외교관이 무언가를 말했지만 이 비서 겸 통역은 말을 못 알아듣겠다고 말했다. 외교관이 아까의 말을 반복해봤지만 이 불쌍한 남자는 여전히 이해를 하지 못했다. 몇 번 더 말이 오갔지만 모두 허사로 돌아가자, 그 외교관은 불같이 화를 내며 종이와 펜을 꺼내더니 무언가를 그려서 아랫사람에게 건네주었다. 종이에는 찻잔이 그려져 있었다.

또 다른 이야기에서는 고통받은 주인공이 바로 나다. 통역사 일을 처음 시작할 때였는데 어느 일본인 손님이 헝가리에 도착했다. 나는 큰 기대에 차서 첫 공식 프로그램을 준비했다. 헝가리의 유력 정치인을 공식 방문하는 일이었다.

10분으로 계획돼 있던 그 방문에 심도 깊고 전문적인 협상은 일어나지 않을 거라고 생각하며 나는 자신을 다독였다. 그래도 어쨌거나 '관계 강화' '교역액 증가' '상대방 문화 이해도 재고' 등을 비롯해 대화에 나올 것 같은 용어를 두 페이지 적어 갔다.

일본인 손님과 나는 회견에 함께 갔다. 헝가리 정치인은 장식된 문을 열고는 서둘러 우리를 맞아 주더니 자리에 앉자마자 헝가리 영화 〈회전목마Körhinta〉[6]가 일본에서 상영되었다는 기사를 읽었다고 언급했다. 나는 하얗게 질렸다. 회전목마는 외교 분야의 표준 어휘에 들어 있지 않았다. 나는 그게 일본어로 어

---

6 1956년 칸 영화제에서 상영되었으며 헝가리 영화의 고전으로 불린다.

떻게 표현되는지 알 도리가 없었다. 나는 한동안 돌려 말하기를 시도했으나 뜻대로 되지 않았다. 그다음은 그림을 그려보았다. 손님은 그 종이를 이리저리 돌려 보더니 최근에 시력이 안 좋아졌다고 말했다. 결국에 나는 방 안을 물결선 모양으로 뛰어다니면서 이따금씩 신나게 소리를 지르기 시작했다. 이 시점에서 그 정치인이 끼어들면서 날이 너무 더우면 자기도 때로는 미쳐버릴 것 같다고 말했다. 그러나 이 행동 덕에 일본인 손님의 마음속 전구에 불이 들어온 게 틀림없었다. 갑자기 이마를 탁 치면서 이렇게 말한 것이다. "아, メリーゴーラウンド[메리 고 라운도]!" 알고 보니 일본어에서 회전목마는 고유어나 한자어보다는 대개 그냥 영어 'merry-go-round'에서 유래한 외래어로 일컬었던 것이다.

외국어와 함께
여행을

통역사의 삶은 배울 것을 많이 만나고 정신을 고양시키며 생각을 가다듬게 하는 즐거운 경험으로 가득하다. 그런 점이 피곤하긴 해도 결코 따분하지 않다.

외국어를 배우도록 이끌어준 보이지 않는 손에게 나는 종종 감사를 하곤 한다. 외국어를 배우는 즐거움 외에도 그 언어들이 내게 세상의 문을 열어준 덕에 얼마나 멋진 경험을 많이 했던가! 언어들이야말로 내가 실질적으로 모든 유럽, 대부분의 아시아, 아프리카와 북미 및 중미의 여러 나라를 여행할 수 있었던 이유이다. 나는 극한 지역으로 모험을 떠나기도 했다. 1969년 5월에는 회귀선에서 멀지 않은 곳에 있었고 같은 해 8월에는 핀란드의 로바니에미라는 도시에서 북극권 안으로 들어갔다.

언어를 배워서 구원을 얻었다고 한다면 요커이 모르_{Jókai}

Mór의 단편소설이 종종 머릿속에 떠오른다. 이야기의 주인공은 젊은 러시아 소녀로 시베리아에 자리 잡은 러시아 국영 납 광산에 포로로 잡혀 있다. 어느 날 그 아이는 동료 몇몇과 어찌어찌 탈출을 한다. 이 작은 무리는 굶주리고 목이 마른 상태로 음식을 구걸할 사람을 만나리라는 희망을 품고 풀이 제멋대로 자란 길을 헤매는데 깊은 숲속에서 볼라퓌크[1] 글이 새겨진 고적한 무덤을 발견한다. 작은 소녀는 그 앞에 무릎을 꿇고 글귀를 읽고는 울음을 터뜨린다. "Dán olik pükatidel volapüken(볼라퓌크 선생님, 고맙습니다)!"[2] 다른 아이들도 함께 무릎을 꿇었다. 이 아이가 좀 더 자비로운 신을 찾았나 보다 싶었다. 그러나 이 소녀는 옛 선생님께 감사를 하던 것뿐이었다. 무덤의 볼라퓌크 글귀는 침엽수림을 벗어나는 길을 알려준다. 아이들은 목숨을 건진다.

---

1 볼라퓌크는 독일 바덴의 가톨릭 사제 요한 마르틴 슐라이어(Johann Martin Schleyer)가 1880년 만든 인공어. 슐라이어는 신이 꿈에 나타나 보편적인 언어를 만들라고 했다고 주장했다. 볼라퓌크는 온 유럽에 걸쳐 인기를 끌었다. 1889년에는 수백 개의 볼라퓌크 클럽과 교과서가 있었다.

2 요커이의 소설에 나오는 문구인데 *"Danob oli, o pükatidel volapüka!"*가 올바른 형태라 할 수 있다.

* * *

언어학자조차 여러 음운의 발음을 뭉개 버릴 만큼 나이를 먹은 모습을 내가 오래오래 살아서 보게 된다면 그것도 나중에는 가슴이 따뜻해질 기억이 될 것이다. 여기서는 실제로 일어났던 가슴 따뜻한 추억들을 이야기해보겠다.

기억에 남는 경험을 말해달라는 요청을 받으면 대개 이 세 가지 회의를 이야기한다. 여기에 시간 순서대로 적어보겠다.

1958년 나는 헝가리 대표단과 함께 하노이에 있었다. 프로그램 가운데 한 꼭지는 북베트남의 총리였던 팜반동Phạm Văn Đồng과의 만남이었다. 환영 인사는 10분으로 예상되었다. 나는 평소와 같은 '일반적 의전'이 있을 거라고 생각했다. 하지만 그렇지 않았다. 총리는 대표단원 한 사람씩 이름을 부르고는 베트남에 어떤 가치가 있다고 보는지 혹은 베트남에 모자라는 게 무엇인지를 물었다. 회의는 한 시간까지 길어졌다. 총리가 한 거라고는 귀담아 듣고 질문을 하는 것뿐이었다. 내가 느끼기로 그 60분은 역사적인 가르침이었다. 우리 모두에게 말이다.

다른 만남은 현재 사건이 아닌 과거, 그것도 매우 먼 과거에 관한 내용으로 바로 '지구상 생명체의 출현'이었다. 이 분야에서 이름난 두 전문가는 소련 교수 알렉산드르 이바노비치 오파린Александр Иванович Опарин과 아일랜드 교수 존 데즈먼드 버널John Desmond Bernal이었다. 두 과학자는 헝가리에서 만났다. 나는 그들의 통역사가 되는 영광을 얻었다. 나는 그들의 대단한 지식뿐 아니라 유머 감각도 흠모했다. 하지만 그 어떤 질문에도 버널은 상대방의 주장을 절대 받아들일 수가 없었다.

"그럼 그냥 세상은 신이 창조한 걸로 해둡시다!" 버널 교수가 소리쳤다.

"아니면 지구에 생명체가 없다고 치든가!" 오파린 교수가 응수했다.

작별 인사를 나누면서 나는 두 사람에게 부탁을 하나 해도 될지 물었다. "물론이죠, 말해봐요!" 그들은 나를 독려했다. 기계 번역의 전문가로 알고 있던 버널 교수를 보면서 기계 번역이 완벽해지면 우리 통역사들이 일감이 없어지니까 너무 서두르지 말아달라고 부탁했다. 그는 웃으면서 기계 번역이 인간을 대체하는 일은 아주 요원하다고 말해서 나를 안심시켰다. 그 사실을 증명이라도 하려는 듯이 다음의 이야기를 들려주었다.

그의 연구팀이 한번은 영어 표현 'Out of sight, out of mind(눈에서 멀어지면 마음에서 멀어진다)'를 러시아어로 기계 번역했다. 원래 이에 해당하는 독일어는 'Aus den Augen, aus dem Sinn'으로 영어와 얼개도 거의 같다. 러시아어에도 얼개는 살짝 다르지만 뜻은 같은 'С глаз долой – из сердца вон'이라는 숙어가 있다. 그런데 기계는 기계적일 뿐이라서 문구의 앞쪽은 '시

야에서 벗어난'으로 뒤쪽은 '정신 나간'의 뜻으로 옮겼다. 시야
에서 벗어나면 눈에 보이지가 않고, 정신이 나간 사람은 광인이
나 바보다. 러시아어 번역 결과를 보니, 화면에 나타난 말은 '투
명 바보'였다.

　나의 세 번째 경험은 현재나 과거가 아니라 미래 얘기다.
심장 이식의 선구자인 크리스천 바너드Christiaan Barnard와 연관
이 있는데, 이 달변가는 장기 이식의 가능성을 설득력 있는 낙
관주의로 말한다. 게다가 참으로 상냥하고 인간적인 풍모가 넘
친다. 그는 부다페스트에 딱 이틀 머물렀는데 우리가 헝가리 방
식대로 2주 분량의 연설, 회의, 인터뷰, 진술 등을 바너드 박사
한테서 짜내려고 용을 썼음에도 쾌활한 모습을 잃지 않았다.

　한번은 강연회에 5분 먼저 도착했다. 로비에는 그를 기다
리는 내과 의사, 라디오 관계자, 기자, 사진기자가 최소 스무 명
은 있었다. 바너드 박사는 주위를 둘러보더니 다소 놀라워했다.
그러다가 어느 나이든 여자가 구석에서 조용히 우는 모습을 발
견했다. "저분은 무슨 일로 저러실까요?" 박사가 물었다. 알고
보니 여인은 중대한 심장 수술을 받을 열두 살짜리 아들을 데
리고 왔고 그 대단한 전문가를 보고 싶다는 것이었다. 바너드
박사는 남은 시간을 그 여성을 안심시키는 데 썼다.

　어쨌든 바너드 박사는 기자들이 몰려와도 잘 버텨냈다. 유
일하게 낯을 붉혔던 순간은 인사말을 적어달라는 요청을 받았

을 때였다. "아, 근데 Hungarian은 철자가 어떻게 되죠?" 그가 난처하게 물었다. "철자법 배우는 날에 학교를 빠졌거든요."

* * *

통역 일이 이렇게 많은 즐거운 경험을 제공한다면 어째서 좀 더 경쟁이 치열하지 않은지 많은 사람들이 궁금해할지도 모르겠다. 내 생각에는 독특한 능력의 조화가 필요하기 때문이다. 번개처럼 빨리 생각을 떠올리는 능력, 쉽게 동요하지 않는 침착함, 튼튼한 신경계, 그리고 가장 중요한 덕목인 끝없이 공부하려는 자세가 모두 있어야 한다. 통역사는 국제 패널들 앞에서 일 년에 30~40번씩 뇌종양 진단, 농업 계획에 응용할 수학적 모델, 열가소성 재료의 기계적 특성, 우연성 음악이 나아갈 미래의 방향성과 같이 서로 전혀 다른 주제로 시험을 치른다.

통역 부스 안에서의 임무는 알고 보면 흔히들 생각할 만한 것보다 더 클 때도 많다. 이와 관련된 개인적인 경험을 이야기해보겠다.

초보 통역사 시절에 이를 달달 떨면서 프랑스어 부스에 들어간 적이 있다. 자신감 넘치는 의연한 외모의 신사가 내 옆에 버티고 있어서 안심이 됐다. 그 사람은 대회 조직 위원회에서 나왔다고 말하면서 내가 막히면 도와주고 내가 실수를 하면 정정해주겠다고 말했다. 내가 첫 문장인 "Nous saluons les délégués venus de tous les coins du monde(세계 구석구석에서 와주신 대표단 여러분을 환영합니다)."를 다 내뱉기도 전에 그는 마이크를 막고 내게 이렇게 경고했다. "그렇게 말해선 안 됩니다. 지구는 둥그렇잖아요. 세상에는 구석이 없어요!" 두세 시간 동안 그런 '교정'을 받은 뒤로 나는 그에게 자리를 바꿔달라고 했다. 그가 아무리 봐도 나보다 훨씬 잘할 테니까 통역을 맡을 수 있을 터였다. "좋습니다." 그는 고개를 끄덕였다. "조직 위원회에 가서 바꾸겠다고 말하고 오죠." 그는 부스를 나갔다. 그러고 나서는 스무 해가 훌쩍 지난 지금까지도 돌아오지 않았다.

회의에서 소개하고 환영하는 인사는 보통은 의례적이므로 실제 업무를 시작하기 전에 가볍고 상쾌하게 몸을 푸는 일이 된다. 그러나 가장 당황스러웠던 경험은 바로 이것과 관련이 있다. 우리는 스톡홀름의 국제 회의장에 있었고 러시아어 부스가 내게 할당되었다. 의장이 회의 개회를 선언하고 먼저 회의에 참석한 스웨덴 국왕의 남동생에게 환영 인사를 전했다. 영어 "Your Royal Highness" 독일어 "Königliche Hoheit" 프랑스어 "Votre Altesse Royale" 등등의 문구가 다른 부스에서 울려 퍼졌지만 나는 러시아어로 '전하'[3]를 뭐라고 말하는지 몰라 조용히 비탄에 빠져 있었다.

* * *

통역을 하다가 생기는 어색한 순간은 주제 탓일 때도 있고
연사 탓일 때도 있다. 전자의 보기를 들자니 독일에 와 있던 헝
가리 조류학자가 생각난다. 자기 분야에 관한 강의를 해달라는
초청을 받은 조류학자는 독일서 유학 중이던 헝가리 학생이 통
역으로 붙었다. "후투티라고 불리는 이 새는 세울 수도 있고 누
일 수도 있는 깃이 쌍으로 달린 볏도 있고 나뭇가지에 앉기 좋
은 다리도 있습니다." 깊은 정적이 이어졌다. 통역은 독일어로
말을 시작했다. "Vogel(새)!"

내가 제아무리 재주가 좋다 한들 이와 비슷한 당황스러운
사건을 한 번도 겪지 않고 지나갔을 리는 없다. 평생 처음으로
일본어로 통역하는 일에 고용됐을 때 벌어진 일이다. 헝가리인
주최자와 나는 부다페스트 페리헤지 공항에서 손님을 기다리
고 있었다. 인솔자는 널리 인기가 있고 노련한 정치인으로서 현
란한 문장을 구사하기로 유명했지만 내 일본어 실력은 기껏해
야 "일본 사람 좋아요. 헝가리 사람 좋아요. 만세!" 수준을 넘기
힘들었다. 그러나 내가 일본어로 통역해야 했던 첫 문장이자 나

---

3   Ваше королевское величество.

의 커리어를 시작해야 했던 그 문장은 다음과 같았다. "잡초를 뿌리는 검은 무리가 일본과 헝가리 국민들 사이의 맑디맑은 하늘 같은 우애에 먹구름을 드리우려고 하더라도 헛수고가 될 것입니다!"

때로는 주제도 연사도 아닌 바로 언어 때문에 통역이 괴로울 수도 있다. 우리는 앞서서 이미 독일어의 특성을 건드려보았다. 독일어는 종속절에서 서술어를 문장 맨 뒤에 놓는다. 대표적으로 마크 트웨인의 일화가 있다. 그는 독일을 방문한 김에 극장에서 역사극을 보고 싶었지만 독일어를 못했기 때문에 옆에 통역을 앉혔다. 스포트라이트가 켜지고 커튼이 올라간 다음에 주인공이 나타나 청산유수로 몇 분간 말을 했는데 통역은 한마디도 전해주지 않았다.

"왜 통역을 안 해요?" 마크 트웨인이 팔꿈치로 쿡 찔렀다.

"쉿." 통역사가 속삭였다. "서술부가 이제 나와요!"

헝가리에서 최고로 손꼽히는 통역사도 비슷한 경험이 있다. 통역해야 할 연사는 화려한 문체를 펼치느라 자기가 거기 빠져 허우적거리는지도 모를 지경이었다. 애처로운 우리 동료는 동사라는 구명조끼에 매달려야 할 판이었다. "왜 통역을 안 하나요?" 연사가 물었다. "서술부가 나오길 기다리고 있어요." 통역이 대답했다. "서술부는 통역하지 마세요." 연사가 쏘아붙였다. "내가 말하는 대로 통역하라고요!"

*　*　*

다음의 이야기는 12세 이하의 독자에게는 권장하지 않는다.

　나는 정부의 장관에게서 전화 한 통을 받았다. 대단한 지위의 일본 손님 한 명이 방금 도착을 했으니 곧장 X호텔 라운지로 가서 부처 직원들이 올 때까지 접대를 해주라는 것이었다. 나는 서둘러서 갔다. 젊고 삐쩍 마르고 수수한 남자가 나를 기다리고 있었다. 나는 정해진 방식대로 환대를 시작했다. 헝가리에 온 목적이 무언지를 물었더니 내가 모르는 일본어 단어로 대답했다. 글자로 써달라고 요청했는데 글자가 너무 복잡하다며 거절했다. 하지만 그 용어의 영어 번역어를 적어서 어디에 갖고 있다는 게 떠올랐나 보다. 주머니에서 종이를 한 장 꺼냈는데 거기에는 오직 이 단어 하나만이 적혀 있었다. 'Sexing.' 그러더니 매일 이 활동을 하면서 헝가리 정부로부터 급여를 아주 두둑하게 받는다는 것이었다.

　나는 당황스러웠다. 남자는 해외에 가면 다들 이 '활동'을 하는 걸까? 도대체 어떤 사람이 이런 것을 이렇게 대놓고 인정하며, 게다가 그런 일을 한답시고 우리 정부에서 주는 넉넉한 재정적 지원까지 즐긴단 말인가?

　정부 부처 관계자들이 도착하고 나서야 설명을 들을 수 있었다. 우리가 맞은 일본인 손님은 갓 태어난 병아리 성별 감별

chicken sexing 전문가, 즉 병아리 감별사였던 것이다. 닭장 공간과 사료를 아끼려고 앞으로 부화를 시키는 데 쓸모가 없는 수평아리를 골라내는 업무였다. 재미있게도 이 일의 전문가는 일본인밖에 없었다.

통역사들이 저지른 주로 말실수를 비롯한 어이없는 실수들 얘기를 하자면 책 한 권으로도 모자랄 것이다. 나는 여기서 딱 하나만 얘기해보겠다. 헝가리에서 열린 영화 평론 학술대회에서 어떤 통역사가 fogamzás(수태, 임신) 대신에 실수로 fogal-mazás(작문, 글짓기)라고 말했다. "헝가리 영화 대본이 가끔 왜 그렇게 안 좋은지 이제 알겠습니다." 부스에 있던 동료 통역사가 얘기를 꺼냈다. "시나리오 작가들이 볼펜에 글짓기 방해 장치를 끼우는 거로군요."**4**

* * *

내가 이런 직업을 가져 천만다행이다 싶은 점은 수많은 국경을 가로지르고 대륙을 넘나들 수 있기 때문이다. 나의 여행

---

4 fogamzás(수태)와 gátló(막는, 억제/제지하는)의 합성어 fogamzásgátló는 '피임(기구/약)'을 뜻하는데 fogalmazás(글짓기)와 gátló(억제)를 합쳐 fogalmazásgátló(글짓기 방해 장치)라는 말을 지어낸 것이다.

경험은 이 책의 주제에 알맞지 않고, 실망스러울지도 모른다. 세계 곳곳을 돌아다니다 보니 나라마다 차이점을 발견하기보다는 어느 나라 사람이든 모두 영원한 인간의 본성을 지닌다는 공통점만을 발견했기 때문이다.[5]

여행 중에 만난 가장 매혹적인 장면은 중국의 박물관에서 베이징 원인北京原人을 봤던 것이다. 이 거대한 유인원은 완벽하게도 동물이지만 그와 동시에 절반은 인간이다. 마치 누가 내 앞에 온 인류를 비추는 휘어진 거울을 보라며 들고 있는 듯한 기분이었다. 나는 며칠 동안 그 후유증에서 벗어나지 못했다. 전시로서는 훌륭하다. 진열장에 가면 거울이 덧대어 있어서 관람객이 어디에 서 있든지 이 유인원을 사방에서 볼 수 있고 자기 모습도 볼 수 있다. 우리가 가 있을 때 북한 여학생들이 박물관에 왔다. 십대 소녀들은 모두 한결같이 전시장의 거울을 보고 붉은 댕기를 매만지면서 그 흥분되는 광경에 대해 재잘거리며 생각을 나누었다.

또 다른 엄청난 경험을 했던 장소는 시베리아 타이가taiga였다. 우리는 바이칼 호수로 하루짜리 여행을 떠났다. 멋진 풍경을 구경하니, 그럴 줄 알았다는 듯이 마법처럼 불길한 기운

---

5 롬브 박사의 여행 경험은 저서《세상을 돌아다닌 통역사(Egy tolmács a világ körül)》에 나와 있다.

이 내 안에서 피어났다. 내 스타킹에 손바닥만 한 구멍이 난 것이다. "걱정 마세요." 우리의 가이드가 나를 진정시켰다. "다음에 나오는 가게에서 한 켤레 사면 돼요." 우리는 작은 콜호스(집단 농장) 마을에서 가게를 발견했다. 책에 푹 빠져 있던 가게 점원은 2제곱미터나 될까 말까 한 공간에서 훈제 생선과 속 빈 벽돌, 사냥 부대용품, 해먹을 팔았다. 내가 가게에 들어가서 솔기 없는 스타킹 한 켤레를 달라고 할 때도 점원은 고개를 들지도 않은 채로 말했는데(대답이라도 들었으니 다행이었지!) "без шва нет"라는 한마디뿐이었다. 솔기 없는 것은 다 팔리고 없다는 뜻이었다. 재미있기도 해라. 불과 두 달 전에 파리 뤼드라페 거리의 부티크에서 솔기 없는 스타킹을 엄청나게 유행시켰나 보다.

안가라 강기슭에 사는 여자들이라고 해도 솔기 없는 스타킹이 최신 유행이라는 걸 모를 리가 없겠지.

언어의 모퉁이 너머에
뭐가 있을까?

또 다시 미래학 얘기로 넘어오고야 말았다. 또 다시 우리는 뒤를 한번 슬쩍 돌아보며 시작해야겠다.

구약 성경에 따르면 모든 인류는 바벨 이전에 공통의 언어로 말을 했다. 신약 성경은 서기 1세기를 다룰 때 몇 가지 언어를 언급했는데 그중에는 팜필리아어, 카파도키아어, 리카오니아어처럼 멋지게 들리는 이름들도 있다.

라틴어는 병사들의 창끝을 통해서 로마제국의 구석구석까지 퍼졌다. 기록을 보면 공식적인 문자 언어는 전 제국을 통틀어 동일했다. 루시타니아, 메소포타미아, 누미디아 사람들이 판노니아 시민들과 동일한 언어로 소금세를 내라는 소리를 들었다니 상상만 해도 황홀해진다. 지금의 헝가리 사람들처럼 당시에도 판노니아 사람들은 그다지 모범적인 납세자는 아니었다.

침략과 정복으로 많은 나라가 명멸하고 로마제국이 무너

지면서 국제 언어 라틴어는 로망스어로 갈라졌다. 바로 이탈리아어, 스페인어, 포르투갈어, 프랑스어, 카탈루냐어, 프로방스어, 레토로망스어, 루마니아어 등이다. 라틴어에서 나온 지역 방언들은 처음에 사투리처럼 말로만 통용되다가 이후에 표준 문법과 어휘를 갖추며 독자적 문자 언어가 되었다.

　언어의 역사를 쓰는 사람은 인류의 연대기를 정리하는 셈이다. 하지만 그런 책은 언어의 삶과 죽음에 담긴 흥미로운 역사를 건조한 이미지처럼 보여줄지도 모르는데 마치 바다의 미스터리한 세상을 담는 데 실패한 해양학 교과서나 온갖 맛을 마구잡이로 욱여넣은 요리책과도 비슷하다.

　가라앉은 아틀란티스와 수몰된 산호초 위에는 요즘 사람들이 쓰는 언어들의 너울이 넘실댄다. 흘러간 역사를 살펴보면서로 활발히 영향을 미친 언어들도 있고 비교적 다른 언어와 접촉이 드물었던 언어들도 있다. 내 생각에 오늘날 언어 사이의 융합 과정은 이제 더는 거부할 수 없는 물결이다.

　언어학자들에 따르면 언어는 역사의 흐름 속에서 분리되기도 하고 결합되기도 해왔다. 높은 산이나 급류가 흐르는 강은 한때 의사소통의 장애물이었다. 이웃한 두 부족이 분리된 다음 시간이 흐르고 나면, 둘은 더 이상 서로를 이해할 수 없게 되었다. 하지만 오늘날에는 이들의 융합 과정을 막을 수가 없을 것이다. 바다 건너의 목소리도 눈 깜짝할 사이에 수신할 수 있다.

현대 세계에서 언어적 고립은 시대착오적이다.

이제 영어는 과학 기술 분야에서 과거에 인공어 에스페란토가 꿈꿨던 것과 같은 공통어 구실을 한다. 형태론이 단순하고 단어가 짧은 덕분에 영어는 세계의 전문가들이 쓰기에 아주 적합하다. 예를 들면 노르웨이와 크로아티아에서 온 두 동료가 문법적으로나 화용론적으로 오류가 있지만 매우 전문적인 용어로 가득 찬 영어로 대화를 하는데, 영어 원어민 화자가 거의 알아들을 수가 없다면 과연 무슨 생각이 들지 나는 때때로 궁금하다. "세상에서 가장 널리 퍼진 언어는 뭔가요?"라는 질문을 종종 받는다. "엉터리 영어Broken English요." 나는 이렇게 대답하곤 한다.

그렇다고 특정 언어가 널리 퍼지면서 꼭 다른 민족어를 좀먹는다는 의미는 아니다. 민족어는 과거의 기쁨과 슬픔을 담은 수많은 문학 및 역사적 기억에 연결되어 있기 때문에 누구나 자기가 쓰는 언어의 현재와 미래를 지킬 책임을 진다.

언어에는 민족의 삶이 그대로 드러난다. 1945년 말 전쟁에서 패한 일본 사람들은 극도로 자기 비판적이 되었다. 어떤 일본인 기자는 일본어를 완전히 버리고 프랑스어와 같은 유럽 언어로 갈아치워야 한다는 주장까지 했다. 나는 무서웠다. 1억 명 인구가 할복을 준비하는 것만 같이 느껴졌다.

다른 언어를 아는 사람은 자기 언어를 훨씬 더 가깝게 느긴다. 괴테는 《금언과 성찰Maximen und Reflexionen》(1833)에서 이렇게 말한다. "외국어를 모르는 사람은 자기 언어도 모른다Wer fremde Sprachen nicht kennt, weiß nichts von seiner eigenen." 미케시 켈레멘 Mikes Kelemen이 마음속에 품었던 고향 자곤처럼 나도 16개 언어를 사용해오면서 헝가리어가 비슷하게 느껴진다. 여전히 견줄 데 없는 헝가리어 순수 문학의 걸작에서 미케시는 이렇게 말한다. "나는 로도스토를 좋아하게 된 만큼 자곤을 잊을 수가 없다."[1]

언어 융합에 맞서 싸운 투사들은 국제어를 만들어낸 사람들이었다. 볼라퓌크라는 언어를 들어본 사람이 몇몇 있을 텐데 그 언어를 만든 요한 마르틴 슐라이어는 상당수 사람에게 발음이 어려운 요소가 국제어에 있으면 안 된다고 생각했다. 바로 /r/ 소리다. 이 음운은 중국인에게는 넘을 수 없는 장애물로 작용한다. 40년 전에 베이징 라디오에서 모스크바에 다녀온 어느 관광객이 컬리물린이 아름답다며 반 시간 동안 열변을 통했다. 그렇게 멋진 관광지를 놓쳤다니 짜증이 날 지경이었는데 이내

---

1 18세기 헝가리 작가이고 터키에 망명한 자유의 투사 라코치 페렌츠 2세(II. Rákóczi Ferenc)의 평생 집사였으며 자곤(오늘날의 루마니아 자곤Zagon)에서 태어나 40년 넘게 로도스토(오늘날의 터키 테키르다Tekirdağ)에서 살았으나 고향을 그리워하는 마음은 사그라들지 않았다.

그 말이 크렘린[2]이라는 것을 깨달았다.

'볼라퓌크Volapük'라는 이름은 '세상'을 뜻하는 vol(영어 world가 어원) 및 '말'을 뜻하는 pük(영어 speak가 어원) 두 낱말을 합쳐서 만들었는데 어떤 모어를 쓰든 관계없이 최대한 많은 사람이 발음할 수 있는 음운으로 구성되었다.

20세기의 첫 10년 동안에는 국제어로 제안된 언어가 워낙에 풍부하다 보니 그중 가장 적합한 언어를 선택하고자 세계 곳곳에서 사람들이 한데 모여 회의를 열기도 했다. 헝가리 대표를 비롯한 회의 참가자들은 폴란드 의사 자멘호프Zamenhof가 만든 에스페란토가 비록 완벽하지는 않더라도 여러 국제어 가운데 으뜸이라고 인정했다. 에스페란토는 여전히 세계적으로 가장 널리 퍼진 국제어로, 이 국제회의 위원진의 조언으로 발전한 이도Ido와 서구에서 장려됐던 인테르링구아Interlingua보다도 인기가 많다.

나는 개인적으로 초록색 별로 상징되는 에스페란토를 인류의 희망으로 고르고 싶다. 하지만 형태론 연구자로서 보자면 -o로 끝나는 명사 앞에 -a로 끝나는 형용사가 오는 등 흔하지 않은 문법 형태에 스스로 익숙해지기가 어렵다.

---

2 원래 러시아어 Кремль(크레믈)은 자음 두 개로 끝나다 보니 발음이 더 어렵다.

통역사로서 나는, 예전에 의사였던 사람에게서 들은 대답에 공감하지 않을 수 없다. 모든 병을 고치는 만병통치약이 발명된다면 기분이 어떻겠느냐고 묻자 그는 이렇게 대답했다. "누구나 살고 싶어 하니까 기쁜 일입니다. 하지만 그 약이 내가 죽은 뒤에 시판되면 좋겠어요. 나도 먹고살아야 하니까요."

공통의 언어를 받아들인다고 해서 사람들 사이의 차이가 없어질 거라는 발상은 물론 순진하다. 과묵한 영국인과 활달한 미국인은 실질적으로 똑같은 언어로 말한다. 이탈리아 사람이 모두 정열적인 것도 아니고 독일 사람이 모두 너무 신중한 것도 아니지만 나라마다 어떤 특색은 확실히 존재한다. 그렇게 된 데에는 지리, 역사, 기후 환경이 역할을 했고, 언어에도 역시 그런 요소들이 반영된다. 여행을 많이 해봤다면 누구든지 이런 경험을 하게 마련이다. 그러한 만남 이야기를 하나 풀어놓고 싶다. 다정한 손길이었다.

통역을 하러 간 멕시코시티에서 일어난 일이었다. 나는 점심시간에 관광을 하기로 마음먹었다. 거리를 돌아다니면서 떠들썩한 어린이 무리와 마주쳤다. 아이들은 곧바로 나의 일행이 되어서 활기차게 재잘거리며 함께 걸었다. 아이들의 빛나는 눈빛과 다정한 웃음을 즐기고 싶었지만 지저분한 작은 손을 뻗어 내 코앞에 들이대며 뭔가 내놓으라는 몸짓을 하는 모습이 보였다. 나는 꺼림칙해서 자리를 떴다.

어느 시장 같은 곳에서 체중계가 보였다. 의전용 점심과 저녁을 많이 먹어야 하는 사람 입장에서 그 누가 이런 것을 거부할 수 있으랴. 나는 그 위에 올라섰지만 내 지갑에는 몸무게를 다는 데 필요한 20페소가 없었다. 동전을 모아 보니 10페소뿐이었다. 그때 내가 혹시나 했던 일이 벌어졌다. 때 묻은 작은 손바닥이 내 코앞으로 불쑥 다가왔는데, 바라던 구리 동전이 반짝거리고 있었다. 그래서 내가 돈에 해당하는 답례를 건네주려 하자 꼬마 임자는 자긍심 넘치는 이달고hidalgo(작위 없는 스페인 귀족)에 걸맞은 위엄 있는 태도로 내 앞에 허리 숙여 인사를 했다. "¡Cortesía, Señora(서비스입니다, 부인)!"

가볍게 안면을 튼 사람들은 길거리에서 마주친 아이들만이 아니다. 심지어는 군주들도 있었다. 그런 얘기를 할 기회가 아직까지는 없었는데 여기서 그러한 만남을 이야기해보고자 한다.

수년 전 테헤란에 갔다. 나는 적당한 계책을 쓴 덕에 당시 이란 통치자였던 모하메드 팔레비Muhammad Pahlevi의 환영 연회에 초대를 받을 수 있었다. 국왕 부처는 불시에 직접 나에게로 와서 몇 마디를 건넸다. 자기네 나라에서 무엇을 보았는지 묻고는 내가 무엇을 봐야 할지 도움말도 해주었다. 이 왕족에게 받은 호의가 아주 감동적이어서 집에 돌아와서는 이란에서 겪은 일을 주제로 꽤나 긴 원고를 써서 신문에 기고했다.

그러나 기사로 나오기 전에 이란에서 이슬람 혁명이 일어 났다. 국왕은 도망을 치고 아야톨라 호메이니Ayatollah Khomeini가 정권을 잡았다. 느닷없이 세상이 바뀌는 바람에 내가 썼던 기사 는 시사성이 모자란다는 이유로 신문 게재가 거부되었다.

인정하자니 매우 쑥스럽지만 나는 글을 멋지게 쓰겠다는 야망과 진실한 이야기를 하겠다는 다짐 사이에서 마음이 두 갈 래로 나뉘었다. 전자가 앞섰다는 것을 부정할 수는 없다. 나는 원고를 다시 손보고 다듬었는데 이번에는 수염을 기른 호메이 니를 주인공으로 했다. 하지만 원고를 신문사에 다시 보내고 나 서 보니 그 역시 편안한 상황이 아니게 되었기 때문에 내 원고 는 또 다시 거부당했다. 20여 년이 흐르고 그때 쓴 글이 사라져 버린 지금에서야 그 이야기가 다시 떠올랐다.

* * *

정치는 제쳐두고, 나는 여행에서 사람들이 말하는 방식이 사회적 관계보다는 모어의 특성에 영향을 받는 편이라는 것을 알게 되었다.

로망스어권에서는 최상급이 자주 나오는 경향이 있다. 영 어권 사람들은 절제된 표현을 선호한다. 만약에 도서관이 거의 문 닫을 시간이 되었을 때 사서에게 조금 더 머물러도 되느냐고 묻는다면 부드러운 "안 될 것 같은데요I'm afraid not"라는 대답이 돌아올 텐데, 어찌 풀이하면 혹시 더 머물러도 될 것도 같지만 실제로는 가장 단호한 거절의 뜻과 같다.

헝가리어에도 그런 절제된 표현이 있다. 헝가리 사람은 "빵 1킬로 부탁드리고 싶군요Kérnék egy kiló kenyeret"라고 빵집에서 이야기한다. 확실하게 말하는 것 또한 예절의 문제인데, 좀 더 구체적으로 말해서 일본인에게는 예절이 없는 것으로 비쳐질 수 있다. 오늘의 계획을 이미 세워두었다 하더라도 다음과 같이 말해야 한다. "오늘은 교토에 가고 싶다고 생각합니다今日は京都に行きたいと思います."

영어 조동사 shall-will 및 should-would는 그 용법에서 공통의 분모를 공유한다. 영국 영어 화자는 미래를 나타내는 문장에서 I나 we 뒤에 will을 쓸 수 없으며 shall이 적합한 형태라고 생각한다. 비현실적인 상황에서는 shall의 과거형인 should를 쓸 때가 있다. (예를 들어, "If I were rich, I should buy……"처럼. '내가 부자라면 ……를 살 텐데'라는 뜻.) 하지만 이건 would로 대체될 수 있다. 그리고 shall은 대부분의 구문에서 should로 대체될 수 있다.

미국으로 망명한 헝가리의 소설가이자 극작가인 질러히 러요시Zilahy Lajos가 이렇게 적은 것도 놀랄 일이 아니다. "나는 should-would에 뇌가 삭아버렸다."

인류의 발전이 무르익어 국제어 한두 개를 모든 이가 받아들이는 날이 오기 전까지는 우리처럼 언어를 배우는 사람들이 여러 언어 사이에 다리를 놓는 일을 해야 한다. 이 책을 쓰는 동안 보여주려고 노력했다시피 다리를 놓는다고 꼭 무거운 벽돌 나르기만 해야 되는 것은 아니다. 지식을 추구하고 얻으려는 인간의 자랑스러운 전통을 즐겁게 드러내는 일이 될 수 있다.

맺는말

나와 함께 진득하게 언어의 바다를 헤쳐 온 독자들에게 이제 감사의 인사를 전하려 한다. 키케로가 쓴《시인 아르키아스를 변호하며Pro Archia Poeta》의 멋진 구절을 따오면 안성맞춤일 듯싶다.

…이 공부는 젊은이를 기르고 노인을 즐겁게 하며, 좋은 시절을 더욱 빛내고 역경이 닥치면 안식처와 위안이 되며, 집에서는 기쁨이 되고 밖에 나가면 거리낌이 없으며, 밤을 지새우거나 나그넷길에 오르거나 시골에 내려가도 우리와 함께한다.

…haec studia adulescentiam alunt, senectutem oblectant, res secundas ornant, adversis perfugium ac solacium praebent, delectant domi, non impediunt foris, pernoctant nobiscum, peregrinantur, rusticantur.

　　외국어는 어른이 되어서도 공부를 하겠다고 마음먹을 때 가장 많이 건드리는, 그러다 보니 집어치우기도 가장 쉬운 분야다. 게다가 많은 언어가 교차해 여러 언어를 구사하는 이가 적지 않은 아프리카, 유럽, 인도 등지와 달리 한국은 요새야 외국인이 좀 늘긴 했어도 따로 소수민족도 없고 지리적으로 고립된 편이라 국경을 맞댄 나라도 적어서 아쉽게도 다른 언어를 익히거나 써먹기에 썩 좋은 환경이 아니다. 취업이나 시험 때문에 억지로 공부하는 이도 적지 않다.

　　미국에 가니까 꼬맹이도 영어를 잘한다는 농담을 흔히들 하는 데서도 드러나듯이 누구나 자기 모어는 별 어려움 없이 습득하는 것 같다. 그러다 보니 외국어 학습자의 눈에는 해당 언어를 구사하는 사람이 마치 전문가처럼 보일지도 모르겠다. 그러나 가만히 생각해보면 언어를 쓴다는 것만으로 전문가가 되지는 않는다. 한국어를 배우다가 주격조사 '이/가'와 보조사 '은/는'의 쓰임이 어떻게 다른지 궁금한 외국인은 과연 한국인

몇 사람한테 물어보고 나서야 제대로 된 대답을 듣게 될까? 이렇듯 외국어든 모어든 제대로 알고 쓰려면 어느 언어나 어렵다. 그러니 외국어를 못한다고 실망할 까닭은 전혀 없다. 그냥 외국어가 왜 얼마만큼 필요한지 스스로 묻고 공부하면 된다. 나도 번역가로서 여러 언어를 다루지만 거창하게 정복한다기보다는 그 언어들을 자주 만나 다채로운 맛을 즐기는 어도락가語道樂家로 살고 싶다.

* * *

이 책을 지은 롬브 커토는 그냥 외국어를 잘한 게 아니고 번역과 통역을 업으로까지 삼았다. 그것도 한두 개가 아니라 십여 개 언어를 직업적으로 다루었으니 언뜻 봐서는 웬만하면 따라 할 엄두조차 내기가 힘들지도 모르겠다. 제2차 세계대전 이후 국제 교류 증가로 통역 수요가 늘어났는데 현대적 통역사의 1세대라고도 볼 수 있다. 그런데 겸손인지는 모르겠지만 저자 스스로도 언어에 재능이 있다고 여기지는 않는다. 본인뿐 아니라 누구도 마찬가지라는 것이다. 언어 학습에 국한된 이야기는 아닐 텐데, 재능보다는 동기나 관심이 더 관건이라는 데 나도 동의한다. 그러니까 외국어 배우기가 싫거나 어렵다면 적절한 관심이나 동기를 제대로 못 찾아냈기 때문이다.

외국어 학습법을 다루는 책이 나날이 쏟아져 나오니 어찌 보면 다소 오래된 책으로 느껴질지도 모른다. 하지만 저자가 평생을 여러 언어와 함께 살아온 만큼 외국어 학습을 바라보는 통찰력은 시대가 지나도 여전히 빛을 발한다. 롬브 커토는 특히 성격이 적극적이다. 외국어를 배우는 데 적극성만 있다고 다 되지는 않지만 통역사라는 직업에도 참 잘 어울리는 성격이다. 특히 수줍음을 비교적 많이 타는 편인 상당수 한국인들이 배워야할 자세가 아닐까 싶다. 언어는 완벽하게 구사해서 으스대기 위한 사치품이 아니라 다른 문화를 이해하고 남과 소통을 하려는 필수품이다. 한국인이건 외국인이건 우리 모두 똑같은 인간이다. 틀릴까 봐 겁먹기보다는 일단 부딪혀보면 어떨까? 정말 잘하고 싶다면 부단한 노력이 필요하지만 달리 생각하면 그런 과정도 삶에서 기쁨의 요소가 된다.

* * *

어느 외국어든 결국 높은 단계로 올라가면 어렵고 사실 모어조차도 완벽하게 구사하려면 힘들기는 매한가지겠으나 모어와 가까운 외국어일수록 처음에 접근이 쉬운 것도 사실이다. 영어권 사람들이 가장 어려워하는 언어가 한국어, 일본어, 중국어 등인데, 이는 거꾸로 말하면 한국인이 영어 및 서양 언어를 어려워하는 것은 당연하다는 뜻이다.

　반면 (헝가리어, 핀란드어, 바스크어를 제외한 대부분의) 유럽 언어들은 서로 훨씬 가깝다. 보통의 유럽인들이라면 모어와 비슷한 다른 유럽의 언어를 배울 때 부담감이 크지 않다. 하지만 지은이의 모어인 헝가리어는 대부분의 유럽 언어와 달리 우랄어족에 속하기 때문에 마치 바다 위에 혼자 둥둥 뜬 섬과도 같다. 오랜 세월에 걸쳐 라틴어, 독일어, 슬라브어 등 많은 유럽 언어와 접하면서도 언어의 본질이 바뀌지는 않았다. 이런 면에서 일본어와 문법이 유사하고 중국어와 어휘나 표현이 닮았지만 계통이 전혀 다른 언어를 쓰는 한국인의 처지와 비슷하다. 따라서 외국어 공부에 느끼는 부담이 한국인과 비슷한 헝가리 사람이 쓴 책이 한국인에게 도움이 되리라고 본다.

* * *

　외국어를 모르면 자기 모어도 모른다는 괴테의 말은 거울에 비추지 않으면 자기 모습을 알 수 없다는 것과 통한다. 그렇다면 외국어를 하나만 알아도 그 외국어를 제대로 모르는 게 아닐까? 롬브 커토의 이야기를 읽으면 세 개 이상의 언어를 서로 거울처럼 비춰보면서 그동안 못 봤던 숨겨진 모습을 찾아내는 재미가 얼마나 쏠쏠한지 알게 될 것이다.

최근 인공지능을 비롯한 과학기술의 발전으로 번역기나 통역기의 성능이 놀랄 만큼 좋아져서 이제 힘들게 외국어를 안 배워도 되는 시대가 온다는 얘기들을 한다. 번역이나 외국어 교육 분야는 분명히 여러모로 달라지긴 하겠지만 결국은 사람이 외국어를 알아야 뭐가 맞는지 판별할 수 있다. 오히려 지금까지와 달리 좀 더 자신의 필요나 취향에 더 맞게 공부할 수 있는 기회로 보아야 한다. 아무리 시대가 바뀌어도 무언가를 익혀서 제 것으로 만들고 남한테도 나눠주는 배움의 본질이 바뀌지는 않을 것이다.

에베레스트를 정복하거나 알프스나 로키 산맥을 오르는 것도 강렬한 기쁨이겠지만 그런 건 평생 한 번 올까 말까 한 일이다. 거기에 목표를 둬도 의미는 있다. 그러나 그것보다는 오히려 날마다 동네 뒷산을 산책하면서 얻는 것이 많을 수도 있다. 언어를 정복하거나 마스터한다는 원대한 목표도 좋다. 하지만 너무 커다란 열매를 찾으려고 즐거움을 계속 미루기보다는 하루하루를 마스터하는 쪽이 더 보람 있지 않을까? 이 책으로 기운을 얻어 외국어를 하루하루 꾸준히 공부하여 삶의 작은 기쁨을 자주 누리는 사람이 많아지길 바란다.

언어 공부

초판 1쇄 발행   2017년 9월 4일
초판 7쇄 발행   2022년 9월 20일

지은이   롬브 커토
옮긴이   신견식
책임편집   서슬기
디자인   정진혁

펴낸곳   (주)바다출판사
주소   서울시 종로구 자하문로 287
전화   322-3675(편집), 322-3575(마케팅)
팩스   322-3858
E-mail   badabooks@daum.net
홈페이지   www.badabooks.co.kr

ISBN   978-89-5561-944-7 03300